dtv

Ludger Roeddor
11/2010
Jersey City, NJ

Wer Kants Hauptwerk ›Die Kritik der reinen Vernunft‹ im Original lesen möchte, sollte oder gar muß – der findet hier einen hilfreichen Wegbegleiter für den Einstieg in eine faszinierende, aber nicht leicht zugängliche Lektüre. Dieses Buch ist ein Angebot, sich mit einem erfahrenen Leser auf den nicht unbeschwerlichen Weg zu machen, Schritt für Schritt mit der diesem Philosophen eigenen Terminologie vertraut zu werden, um am Ende befähigt zu sein, das große Werk selbst mit Vergnügen und Gewinn anzupacken. Denn im Bereich Philosophie »Anfänger« zu sein, ist keine Schande, – im Gegenteil: Das Eingeständnis ist schon der erste Meilenstein zur Überwindung dieses Zustands, und das Mittel dazu liegt in diesem Band vor.

Dr. phil. Ralf Ludwig studierte evangelische Theologie sowie an der Jesuiten-Hochschule Philosophie und promovierte über Kant. Er lebt als freier Schriftsteller in München. Bei dtv erschienen von ihm Lese-Einführungen zu Kant, Hegel und den Vorsokratikern.

Kant für Anfänger

Die Kritik der reinen Vernunft

Eine Lese-Einführung
von Ralf Ludwig

Deutscher Taschenbuch Verlag

Von Ralf Ludwig sind im
Deutschen Taschenbuch Verlag erschienen:
Hegel für Anfänger (30125)
Kant für Anfänger
Der kategorische Imperativ (30144)
Kant für Anfänger
Die Kritik der Urteilskraft (34472)
Die Vorsokratiker für Anfänger (30858)

Meiner Mutter gewidmet

Originalausgabe
September 1995
14. Auflage November 2009
Deutscher Taschenbuch Verlag GmbH & Co. KG,
München
www.dtv.de
© Deutscher Taschenbuch Verlag, München
Umschlagkonzept: Balk & Brumshagen
Umschlagbild: Ralph Bittner
Gesamtherstellung: Druckerei C. H. Beck, Nördlingen
Gedruckt auf säurefreiem, chlorfrei gebleichtem Papier
Printed in Germany · ISBN 978-3-423-30135-0

Vorbemerkung

Kant zu lesen, ist schwer. Daran gibt es keinen Zweifel. Die großen Denker unserer Erde machen es uns nicht gerade leicht, verstanden zu werden. Aber es gibt im Leben mehr Dinge, die mit Anstrengungen verbunden sind und sich gerade deswegen lohnen.

Bei Kant kann man den Eindruck haben, daß er der bekannteste und zugleich der am wenigsten gelesene deutsche Philosoph ist. Schuld daran ist ganz sicher nicht die Oberflächlichkeit oder geistige Beschränktheit dessen, der mutig sich an die Kant-Lektüre heranwagt, sondern das in der Tat komplizierte und gewaltige Gedankengebäude des Denkers aus Königsberg.

Die meisten Leser werden wissen, daß Kants Ort die europäische Aufklärung war; aber zu dieser Einsicht gehört nicht viel. Jedoch die Beschwerlichkeit auf sich zu nehmen, ihn im Original zu lesen und zu verstehen, dazu gehört schon mehr.

Dieses Taschenbuch ist ein Hilfsangebot für das schwierige Unterfangen, Kant selbst zu lesen. Von daher ist das Anliegen dieses kleinen Buches recht bescheiden. Ich habe viele Einführungen in Kant gelesen und manche nicht begriffen, weil ich dafür eine eigene Einführung in die Einführung benötigt hätte.

Unser Buch will die Leser ansprechen, die sich zum ersten Mal mit Kant befassen, seien es Schüler, Studenten oder Leute, die einfach nur Lust haben, ihren Verstand zu gebrauchen. Vor allem aber ist es für die geschrieben, die ehrlich zugeben können, daß sie schon einmal versucht haben, Kant zu lesen, es aber verzweifelt aufgaben.

Wenn nun mancher Fortgeschrittene über die

Schlichtheit dieses Büchleins lächelt, aber manchem geholfen ist, der den Mut hat, zuzugeben, ein Anfänger zu sein, dann hat es seinen Zweck erreicht.

München, im Sommer 1995   Ralf Ludwig

Inhaltsverzeichnis

Ein kurzer Hinweis ...

... zum Zitieren und zum Auffinden von Textstellen: Die Nachdrucke der derzeit lieferbaren Kant-Ausgaben sind so unterschiedlich, daß es sinnlos wäre, sich an deren Seitenzahlen orientieren zu wollen. Deshalb geben diese Ausgaben in der Regel auch die Seitenzählungen der Original-Ausgabe Kants an, und darauf bezieht man sich normalerweise. Auch wir wollen dies tun.

Kant hat sein Hauptwerk in zwei Auflagen veröffentlicht. Die erste aus dem Jahre 1781 wird mit dem Buchstaben A zitiert, die zweite aus dem Jahre 1787 mit dem Buchstaben B. Wir wollen grundsätzlich nach der B-Ausgabe zitieren; wird doch einmal aus der A-Ausgabe zitiert, ist dies ein Hinweis dafür, daß sich erste und zweite Auflage hier unterscheiden.

Ein Erster-Hilfe-Rat ...

... für den Fall des Aufgebens. Jedes Buch ist zu jeder Zeit und an jedem Ort dieser Gefahr ausgesetzt. Wer diese Gefahr herannahen sieht, soll nicht gleich aufgeben, sondern noch einmal neu anfangen. Hilft das nichts, soll man versuchen, zu Teil 2 überzugehen und das Kapitel ›Eine kurze Rast: Die Insel im Meer‹ beginnen. Vielleicht macht man später doch noch einmal einen Versuch mit dem Teil 1.

Kant – eine Hinführung

Den häufigen Vorwurf gegen Kant, den der kleinkarierten Lebensführung des Mannes, der angeblich sein Leben lang seine Heimatstadt Königsberg nie verließ, kann nur jemand erheben, dessen Kenntnisstand über Kant gerade einmal dessen biographischen Lebensweg umfaßt.

Wenn man über etwas urteilen möchte, muß man es kennen. Wer über den großen Philosophen urteilen möchte, tut sich verständlicherweise leichter, über Kants Leben in seiner Einförmigkeit zu urteilen, als über Kants Lehre in seiner tiefsinnigen Kompliziertheit.

Kants Bücher sind wahrlich kompliziert und haben schon manchen Interessierten zur Verzweiflung gebracht. Selbst sein früherer Schüler Reinhold Jachmann, der von Kant selbst beauftragt wurde, eine Biographie über ihn zu verfassen, kann sich die anzügliche Bemerkung nicht verkneifen, daß Kants »eigene Ideenfülle und die Leichtigkeit und Gewohnheit, alle philosophischen Begriffe aus der unerschöpflichen Quelle der eigenen Vernunft heraus zu schöpfen, machte, daß Kant am Ende fast keinen anderen als sich selbst verstand«.

Der Russe Arsenij Gulyga schreibt in der wohl besten Kant-Biographie der letzten Jahre, Leben und Werk eines Philosophen seien nicht zu trennen. Bei Kant ist man versucht, zu widersprechen:

– Es springt ins Auge der Unterschied zwischen Einförmigkeit des Lebens und Vielfältigkeit des geistigen Systems.

– Der Bescheidenheit seines persönlichen Lebens steht der ganz und gar nicht bescheidene Anspruch gegenüber, das Geheimnis des menschlichen Seins mit einem universalen Gesetz für menschliches Denken und Handeln erklärt zu haben.

– Der Mann, der keine persönlichen Erschütterungen in Alltag und Liebesleben kannte, konfrontierte die Geistesgeschichte des Abendlandes mit dem wohl gewaltigsten Einschnitt in das menschliche Denken seit dem Aufbruch der vorsokratischen Philosophie in Griechenland.

Wer Kants Lebensgeschichte liest, lächelt mehr oder weniger amüsiert; liest er aber Kant selbst, vergeht ihm das Lachen, denn er hat große Mühe, dessen Gedanken zu folgen, und er beginnt, an der eigenen geistigen Fähigkeit zu zweifeln. Wenn er aber einen Gedanken begriffen hat, kommt er dem etwas nahe, was die alten Philosophen Glück genannt haben.

Und so soll dieses Buch verstanden werden: den großen Kant ein wenig zu begreifen und sich darüber zu freuen, wenn es gelingen sollte.

Das Anliegen Kants

Wer das wunderschöne Bild des Münchner Malers Carl Spitzweg ›Der Bücherwurm‹ kennt, sei eingeladen, dem Bücherwurm einmal über die Schultern zu blicken. Welches Buch die liebenswerte, verkrümmte Gestalt auf der kleinen Leiter gerade liest, können wir nicht ausmachen; schauen wir aber jetzt etwas genauer auf die Spitze des Bücherregals, entdecken wir ein halbrundes Schild mit der Aufschrift ›Metaphysik‹.

Nicht nur Spitzwegs Bücherwurm, sondern auch Kants Interesse galt der Metaphysik. Damit ist sein Anliegen bereits vorläufig umschrieben.

Metaphysik – das Wort hat wohl jeder schon gehört, aber was bedeutet es?

Was ist Metaphysik?
Ein recht wenig bekannter Mann namens Andronikos

von Rhodos hat etwa 70 Jahre vor unserer Zeitrechnung die wiedergefundenen Werke des großen Philosophen Aristoteles, nachdem sie lange Zeit als verschollen galten, in einer bestimmten Reihenfolge angeordnet. Diese Anordnung sah so aus, daß zuerst die philosophischen Bücher über die Natur (griech.: physis, Adj. physikos) kamen und danach (griech.: meta = nach) die philosophischen Bücher, die über die Natur noch hinausgingen und die ersten Prinzipien des Seienden untersuchten. Da sie also »nach« den naturphilosophischen Büchern kamen, nannte man sie von nun an *meta ta physika*, Metaphysik.

Ob das wirklich so stimmt, wissen wir nicht genau; zumindest hat es sich danach ergeben, daß man mit »Metaphysik« die Wissenschaft bezeichnet, die über die Natur hinausgeht.

Metaphysik ist schlichtweg die klassische Grundform der abendländischen Philosophie. Wir befragen einmal ein Lexikon. Bevor wir es aber aufschlagen, müssen wir uns klar sein, daß die Definition, die wir dort finden, noch *nicht* die Definition Kants ist. Das Lexikon gibt uns etwa folgende Auskunft:

Der Metaphysik geht es um das Wissen vom Seienden in der Seiendheit, indem sie nach dem Grund für Seiendes, Wesen, Denken und Erkennen fragt.

Wir brauchen nicht gleich zu erschrecken, sondern wollen uns fragen, was wir uns darunter vorstellen können.

Wir gehen einmal in Gedanken ganz früh im Wald spazieren und machen ein paar Beobachtungen: Langsam schiebt sich der riesige Ball der Sonne über den Horizont, Sonnenstrahlen brechen sich durch die Äste der Bäume, einige Vögel singen, die Nebelschwaden verflüchtigen sich.

Alle diese Dinge »sind«; und alles, was »ist«, nennen wir »Seiendes«.

Dies alles gilt nicht nur für Naturbeobachtungen, sondern auch für die alltäglichen Dinge des Lebens. Um uns herum finden wir vielerlei vor, Nützliches, Erfreuliches, Störendes ... Auch dies »ist« (nützlich, erfreulich ...).

Zu dem allen, dem Seienden in Natur und Alltag, verhalten wir uns. Vor allem: Wir denken darüber nach, denn mit der Beobachtung dieses Seienden hat sich aber der Mensch, seit er denken kann, nicht zufriedengegeben. Er will quasi dieses Seiende in seiner Vielzahl »überschreiten«, indem er fragt, ob dem Seienden in seiner Vielfalt auch ein »Sein« zukommt. Somit fragt die Metaphysik nach dem Sein als dem Grund für das Seiende.

Wer damit Schwierigkeiten hat, nach einem Sein des Seienden zu fragen, soll das Wort »Sein« vorerst einmal durch »Sinn« ersetzen, er kommt dem Problem damit etwas näher. Denn wenn ein Seiendes wie das Singen der Vögel oder das Wegziehen des Nebels einen Sinn hat, dann steckt hinter diesem Seienden das »Sein« eines Sinnes.

Diesen Gedanken können wir auch auf das Denken und Erkennen des Menschen übertragen, der im Walde die oben geschilderten Beobachtungen gemacht hat.

Ohne einen letzten Gedanken dazu kommen wir aber nicht aus. Daß hinter den Vorgängen der Natur gewisse Gesetzmäßigkeiten stecken, leuchtet jedem ein. Wir nennen diese Gesetzmäßigkeiten physikalische Gesetze: der Bach fließt abwärts, das Blatt fällt nicht nach oben, sondern nach unten ... Gibt es solche Gesetzmäßigkeiten außer in der Natur auch in dem Sein im weiteren Sinn? Das ist die entscheidende Frage, um die es in der Metaphysik geht:

Steckt nicht nur hinter dem Seienden, sondern auch hinter dem Sein, Denken und Erkennen des Seienden eine Gesetzmäßigkeit, ein innerer Zusammenhang?

Wenn ja, müßten wir auch wissenschaftliche Antworten darauf geben können. Die ionischen Naturphilosophen beantworteten diese Frage mit dem Hinweis auf bestimmte Naturelemente wie Feuer oder Wasser als Grundlage für jedes Sein in der Welt. Der Grieche Plato sah die Antwort in der Welt der Ideen, während die christliche Metaphysik als Antwort Gott nannte, der hinter und über dem Sein steht.

Die Verschiedenheit der Antworten war der Grund, warum sich auch für Kant die Frage nach der Metaphysik, und vor allem nach deren Wissenschaftlichkeit, stellte. Kein Mensch kann diese Frage aus dem Stand heraus beantworten; auch ein Denker wie Kant wird nicht darum herumkommen, die philosophischen Antworten seiner Zeit, von denen er stark geprägt war, zu berücksichtigen und von ihnen auszugehen.

Deshalb müssen wir noch kurz die gedanklichen Voraussetzungen betrachten, die Kant vorfand, bevor er sich daran machte, sein berühmtestes Werk, die ›Kritik der reinen Vernunft‹ , zu schreiben.

Kants gedankliche Voraussetzungen

Jeder Mensch, der denkt, steht heute vor derselben Frage, die Kant zu beantworten hatte: Werden die Grenzen meiner Erkenntnis von der Erfahrung, die meine fünf Sinnesorgane machen, abgesteckt, oder sind die Grenzen der Erkennntnis in der Weite des Verstandes? Diese beiden Fragen hat es in der Ge-

schichte der Philosophie schon immer gegeben; in der Zeit des 17. und 18. Jahrhunderts gab man
- der ersten Antwort den Namen *Empirismus*
- und der zweiten Antwort den Namen *Rationalismus*.

Diese Zeit war von der Lust geprägt, ein philosophisches Gebäude nach dem anderen zu errichten. Doch lassen sich bei aller Vielfalt, wie man in der großen Philosophiegeschichte von Johannes Hirschberger nachlesen kann, im großen und ganzen hier zwei »Baustile« unterscheiden, der Rationalismus und der Empirismus. Werfen wir einen kurzen Blick darauf.

Der Rationalismus

... hat die längere Tradition; sie geht bis auf Plato und Aristoteles zurück und reicht bis ins Mittelalter hinein. Der Rationalismus besagt, daß die Sinneserfahrung weder Grundlage noch Grenze der Erkenntnis sein kann; wahr ist nicht, was die Sinne, sondern was die Vernunft über die Welt aussagen. Der bekannte Satz von Descartes »Ich denke, also bin ich« (cogito, ergo sum) kann beispielsweise nur vom Verstand aus nachvollzogen werden, die Erfahrung muß hier passen. Somit ist Metaphysik als Betätigung der Vernunft möglich (Vertreter: Descartes, Spinoza, Leibniz, Wolff).

Der Empirismus

... sagt hier Nein. Auch er knüpft an eine alte Tradition an (antike Skepsis, Epikureismus, Stoizismus). Er ist fasziniert vom Aufschwung der Naturwissenschaften, vor allem von deren empirischem und experimentellem Charakter. Er besagt, allein die Erfahrung ist Quelle und Grenze allen Erkennens. Wie John Locke sagt, ist nichts im Verstand, was nicht zuvor in den Sinnen gewesen wäre. Somit ist auch eine Metaphysik nicht möglich. Es gibt keine ewigen Wahrheiten, es kann sie schon deshalb nicht geben, weil die Sinneserfahrung nie abgeschlossen ist, solange die Welt sich weiter dreht (Vertreter: Hobbes, Locke, Hume).

Kant stellt sich nun die Aufgabe, die beiden Positionen des Rationalismus und des Empirismus miteinander zu versöhnen; zu diesem Zweck werden nicht nur Rationalismus und Empirismus untersucht, sondern auch das gesamte menschliche Denken wird einer genauen Prüfung unterzogen.

Von dieser Wortbedeutung des griechischen Wortes *krinein* als »untersuchen« und »prüfen« ist das deutsche Wort *Kritik* abgeleitet. Deshalb nennt Kant sein Werk die Kritik der reinen Vernunft; sie soll die Aufgabe der Versöhnung der beiden Positionen von Rationalismus und Empirismus lösen. Über seinen Gebrauch von »Kritik« gibt er in der Vorrede zur 1. Auflage Auskunft:

Ich verstehe aber hierunter ... die (Kritik) des Vernunftvermögens überhaupt, in Ansehung aller Erkenntnisse, zu denen sie, unabhängig von aller Erfahrung, streben mag, mithin die Entscheidung der Möglichkeit oder Unmöglichkeit einer Metaphysik überhaupt... (A XII)

Die Vorgeschichte des Buches

Von der ›Kritik der reinen Vernunft‹ heißt es, sie sei in wenigen Monaten niedergeschrieben worden; dies stimmt, aber es ist leicht mißverständlich:

Im Jahre 1770 ist Kant an seinem lang ersehnten Berufsziel angekommen. Nach mehreren Hungerjahren bekommt er an der Universität Königsberg den Lehrstuhl für Logik und Metaphysik angeboten. Diesen Ruf nimmt er freudig an. Die nächsten zehn Jahre hören nur seine Studenten von ihm, er selbst veröffentlicht (von einer 20-seitigen Vorlesungsankündigung abgesehen) kein einziges Buch. Aber in diesen zehn Jahren intensiven Nachdenkens wird sie geboren, die große ›Kritik der reinen Vernunft‹.

Kant war 57 Jahre alt, als er im Mai 1781 die 1. Auflage bei dem Verleger und früheren Studenten Johann Friedrich Hartknoch veröffentlichte. Die Reaktionen auf dieses Buch waren für Kant verheerend: es gab nämlich keine. Kaum jemand interessierte sich dafür, es wurde als langweilig und unverständlich angesehen.

Da faßte Kant den Entschluß, den Inhalt zu straffen und etwas allgemeinverständlicher darzulegen. Zu diesem Zweck verfaßte er zwei Jahre später die etwa 150-seitigen ›Prolegomena zu einer jeden künftigen Metaphysik, die als Wissenschaft wird auftreten können‹, oder kurz ›Prolegomena‹, auf Deutsch »Vorbemerkungen«. Aber die waren genau so schwer verständlich, wenn nicht noch, infolge der Kürzung, unverständlicher.

Aber schon vor der 2. Auflage von 1787 begann die Wende: Kant wurde zur Kenntnis genommen. Es gibt keine einleuchtende Erklärung für seinen Erfolg, ebenso wie es keine logische Erklärung dafür gibt, warum heute gerade ein bestimmter Schauspieler wie ein Stern am Filmhimmel aufgeht. Kant wurde in der Tat ein Star. Zu seinen Füßen saß der berühmte Johann Gottfried Herder in seinen Vorlesungen. Auch der junge Friedrich Schiller wurde auf ihn aufmerksam. Es gelang ihm, auch Goethe für den Philosophen aus Königsberg zu interessieren. Beide, Schiller und Goethe, wollten Kant persönlich kennenlernen. Angeblich scheiterte dies an Kants Begegnungsangst, was nach Aussagen eines Biographen den großen Goethe sehr verärgerte.

In seinen letzten Jahren war Kant bereits eine lebende Legende. Seine »kritische« Philosophie trat einen Siegeszug ohnegleichen durch die deutschen Universitäten an. Noch nicht einmal der Wachhund eines Klosters, den einige Klosterbrüder als Protest gegen die kritische Philosophie »Kant« nannten, konnte diesen Siegeslauf aufhalten.

Bevor wir aber in die Tiefen dieser kritischen Philosophie eintauchen, erlauben wir uns, noch einen neugierigen Blick auf ein außergewöhnliches Leben zu werfen. Es ist ein Leben, das manche wegen seiner starren Pedanterie abstößt, und manche gerade deswegen fasziniert.

Ein Tag im Leben des Immanuel Kant
oder
Der liebenswerte Dilettantismus

(Dieses Kapitel ist identisch mit dem gleichnamigen Kapitel in *Kant für Anfänger: Der kategorische Imperativ*)

Ein spannendes Leben hat der Mann wahrlich nicht geführt, den der deutsche Philosoph Karl Jaspers zu den drei größten Denkern unserer Erde zählt (neben Plato und Augustinus).

Eine gewisse Gleichförmigkeit kann man an seinem Tagesablauf nicht übersehen. Bevor wir aber den Professor Kant beobachten, wie er jahrein – jahraus seinen Tag gestaltet, blicken wir ein wenig auf sein Leben, das am 22. April 1724 in Königsberg begann und am 12. Februar 1804 in derselben Stadt endete. Es dauerte fast 80 Jahre. Seine letzten Worte waren, bevor er um 11 Uhr starb: »Es ist gut.«

Die Familie

Johann Georg Kant, ein armer Sattlermeister aus der Vorstadt, und seine Frau Regina Dorothea aus Nürnberg sind die Eltern. Sein eigentlicher Vorname ist Emanuel, von seiner Mutter wurde er liebevoll »Manelchen« genannt. Erst später ändert er ihn in Immanuel um, die Gründe dafür sind nicht bekannt. Er hat vier Schwestern und einen jüngeren Bruder. Er wird, obwohl selbst von schwacher Gesundheit, alle seine Geschwister, bis auf eine Schwester, überleben. Mit seinen Schwestern, wird verläßlich überliefert, spricht er 25 Jahre lang nicht, obwohl sie am selben Ort wohnen. Der jüngere Bruder wird während seines Studiums auch bei dem berühmten älteren Bruder in der Vorlesung sitzen. Als Prediger geht der jüngere Bruder nach dem Examen nach Kurland und wird nie mehr nach Königsberg zurückkehren.

Mit 13 Jahren verliert Kant seine Mutter, an der er sehr hing, mit 22 Jahren seinen Vater.

Die Ausbildung

Mit 6 Jahren wird er, ohne daß Schulpflicht besteht, in der Vorstädtischen Hospitalschule eingeschult. Im Alter zwischen 8 und 16 besucht er, mit finanzieller Unterstützung seines Onkels, eines wohlhabenden Schuhmachermeisters, die Schule, die in Königsberg den besten Ruf hatte, das strenge Collegium Fridericianum. An diese Zeit denkt er nicht gerne zurück. Während des Unterrichts wird Latein gesprochen.

Mit 16 geht er an die Königsberger Universität und studiert Mathematik, Rhetorik und Naturwissenschaft, bis er bei seiner geliebten Philosophie landet. Was die Theologie betrifft, besucht er nur eine Vorlesung, wahrscheinlich aus Höflichkeit gegenüber seinem frühen Förderer Friedrich Albert Schultz, der die Vorlesung hält.

Die Laufbahn

Sie fängt nicht gerade erfolgversprechend an. Im Todesjahr seines Vaters reicht er an der Universität seine Magisterschrift ein. Drei Jahre später erscheint sie als seine erste Veröffentlichung. Der Titel der Schrift lautet ›Gedanken von der wahren Schätzung der lebendigen Kräfte‹. Sie wird ein Reinfall und erntet nur Spott.

Der Dichter und Schriftsteller G. E. Lessing reimt die Spottverse:

> Kant unternimmt ein schwer Geschäfte,
> der Welt zum Unterricht,
> er schätzet die lebend'gen Kräfte,
> nur seine schätzt er nicht.

Im Alter zwischen 22 und 31 Jahren ist er Hauslehrer, zuerst in der Nähe von Insterburg, später bei einem Major von Hülsen im ostpreußischen Arnsdorf, Kreis Mohrungen, etwa 120 km südwestlich von Königsberg. Es ist die größte Entfernung von seiner Heimatstadt, die er zeit seines Lebens zurückgelegt haben wird.

Mit 31 promoviert er, im selben Jahr habilitiert er sich. Es beginnen seine Hungerjahre als Privatdozent. Trotz leiser Stimme und häufiger Versprecher beim Reden ist der Zulauf zu seinen Vorlesungen ungebrochen.

Zweimal bewirbt er sich um einen eigenen Lehrstuhl, ohne Erfolg. Mit 40 bekommt er – ein Wink von Friedrich dem Großen aus Berlin ist in der Tat erfolgt – den Lehrstuhl für Dichtkunst(!) angeboten. Kant als Dichter: diese Möglichkeit sprengt alle Vorstellungen! Er lehnt ab – und wird Hilfsbibliothekar. Die Universitäten von Erlangen und Jena wollen ihn als Professor haben. Kant lehnt wiederum ab und wartet, mit Erfolg. Mit 46 Jahren hat er es geschafft, er bekommt seinen Philosophie-Lehrstuhl in Königsberg und damit die ersehnte Lebensstellung.

Die Frauen

Um es gerade heraus zu sagen: Es gibt keine in Kants Intimleben. Im gesellschaftlichen Umkreis, meist bei Tischgesellschaften, dagegen wohl. Zweimal soll er angeblich zu lange mit einem Antrag gezögert haben. Eine Frau namens Luise Fritz sagte angeblich später einmal, Kant hätte sie einst geliebt. Er, 1,59 Meter groß, flache Brust, etwas verwachsen, wird ein Junggeselle bleiben für den Rest seines Lebens. Er richtet sich ein in einem »behaglichen Cölibat«, wie ein Zeitgenosse berichtet.

Aber er äußert sich zumindest darüber, was man bei der Wahl einer künftigen Gattin beachten sollte. Gegenüber seinen Freunden erteilte er des öfteren den Rat, sie möchten bei der Wahl ihrer zukünftigen Gattinnen ja lieber vernünftigen Gründen als einer leidenschaftlichen Neigung folgen. Er war der Meinung, bei dieser Wahl sollte man darauf achten, daß sie Hausfrau und Mutter sein sollte.

Als sinnliches Motiv läßt er nur eines gelten: Geld, und nicht Schönheit; Geld halte länger vor als alle Schönheit und Reize und trage zum Lebensglück sehr viel bei. Außerdem knüpfe Geld das Band der Ehe viel fester, weil der Wohlstand den Mann wenigstens mit liebenswürdiger Dankbarkeit gegenüber seiner Gattin erfülle, meint Kant.

Der Tagesablauf

Wie ein Mensch seinen Tag gestaltet, sagt mehr über ihn und sein Leben als sonst eine Information. Kant legt dem Tag ein eisernes Korsett an. Ob dies von strenger Selbstdisziplin oder von starrer Pedanterie zeugt, sei dahingestellt. Kants Tagesablauf sollte, ab der Mitte seines Lebens, über Jahrzehnte hinweg derselbe bleiben, ohne die kleinste Veränderung. Veränderungen oder Unterbrechungen dieser Tageseinteilung, die ihm aufgezwungen werden, sind ihm zutiefst zuwider und ärgern ihn maßlos.

Wir kennen Kants Tagesablauf bis ins letzte Detail und wollen ihn skizzieren:

4.55 Uhr:	Wecken durch den Diener Lampe mit den Worten: »Es ist Zeit!«
5.00 Uhr:	Aufstehen. Frühstück: keines, nur zwei Tassen schwacher Tee und eine Pfeife Tabak zur Anregung des Darmes. Erstes Arbeiten in Schlafrock, Pantoffeln und Nachtmütze, wahrscheinlich für die folgende Vorlesungstätigkeit.
7 – 9 Uhr:	Vorlesungstätigkeit, inzwischen in vollständiger Garderobe.
9 – 12.45 Uhr:	Hauptarbeitszeit für die Abfassung seiner Bücher, wieder im Hausmantel.
12.45 Uhr:	Umkleiden, Empfang der Tischgäste im Arbeitszimmer, wieder in vollständiger Garderobe.
13 – 16 Uhr:	Ausgedehntes Mittagessen im Speisezimmer mit geladenen Freunden, die einzige Mahlzeit am Tag. Lieblingsspeise: Kabeljau, stets eine Flasche Rotwein »Medoc«, manchmal auch Weißwein. Die Tafel wird eröffnet mit dem stereotypen »Nun, meine Herren!«
16 Uhr:	Kant geht spazieren, immer allein. Er nimmt, von einer Änderung abgesehen, immer den gleichen Weg. Die

Kant und seine Tischgenossen

	Königsberger Bürger, so wird gerne erzählt, stellen die Uhr nach ihm.
Abends:	Lesetätigkeit, »leichte« Lektüre, bevorzugt Reisebeschreibungen.
22 Uhr:	Strengste Bettruhe.

Die Werke

Es sind uns 69 Veröffentlichungen von Kant überliefert. Wir zählen nur die wichtigsten auf. Es sind u.a. die berühmten drei Kritiken, die für Kants Ethik bedeutsame Grundlegungsschrift, und die ihm beinahe zum Verhängnis werdende Religionsschrift.

| 1781 | Kritik der reinen Vernunft (KrV) |
| 1785 | Grundlegung zur Metaphysik der Sitten (Gr.) |

1788	Kritik der praktischen Vernunft (KpV)
1790	Kritik der Urteilskraft (KU)
1793	Die Religion innerhalb der Grenzen der bloßen Vernunft (Rel.)

Letztere Schrift brachte Kant auf Kollisionskurs mit dem preußischen Thron und ihm einen schweren Rüffel ein. Dahinter steckte der geistig stumpfe, aber frömmelnde Preußenkönig Friedrich Wilhelm II., Nachfolger und Neffe Friedrichs des Großen, der 1786 gestorben war. Kant wurde unter Androhung der Amtsenthebung vorgeworfen, seine Philosophie zur »Entstellung und Herabwürdigung« der Grundlehren der Heiligen Schrift mißbraucht zu haben. Dann wurden alle Dozenten der Universität einzeln zitiert. Sie mußten die Verpflichtung unterschreiben, keine Vorlesungen über Kants Religionsschriften zu halten.

Kant war über die Rüge aus Berlin eine Zeit lang erschüttert und fügte sich. Er spielte sogar mit dem Gedanken, Königsberg zu verlassen. Erst nach dem Tode des frömmelnden preußischen Monarchen 1797 entspannte sich die Situation wieder.

Teil 1

Der Kampfplatz der Metaphysik
oder
Die Vorrede zur 1. Auflage

Nach den kurzen gedanklichen Vorbereitungen der Hinführung und nach dem neugierigen Blick auf den Tagesablauf des Denkers können wir uns jetzt aufmachen, mit dem Lesen des Buches zu beginnen, das der Journalist Paul-Heinz Koesters einmal das Komplizierteste genannt hat, was die Weltliteratur aufzuweisen hat.

Für manchen Leser mag dies abschreckend klingen; manch anderer Leser wird vielleicht einen Reiz verspüren, gerade diese Herausforderung anzunehmen und sich dieser schweren Aufgabe zu stellen. Wir wollen gerade diesem Leser darin helfen, das Schwierige zu vereinfachen.

In der Vorrede zur 1. Auflage gibt Kant an, worum es ihm geht.

Vorrede

Die menschliche Vernunft hat das besondere Schicksal in einer Gattung ihrer Erkenntnisse: daß sie durch Fragen belästigt wird, die sie nicht abweisen kann, denn sie sind ihr durch die Natur der Vernunft selbst aufgegeben, die sie aber auch nicht beantworten kann, denn sie übersteigen alles Vermögen der menschlichen Vernunft.

In diese Verlegenheit gerät sie ohne ihre Schuld. Sie fängt von Grundsätzen an, deren Gebrauch im Laufe der Erfahrung unvermeidlich und zugleich durch diese hinreichend bewährt ist. Mit diesen steigt sie (wie es auch ihre Natur mit sich bringt) immer höher, zu entfernteren Bedingungen. Da sie aber gewahr wird, daß auf diese Art ihr Geschäfte jederzeit unvollendet bleiben müsse, weil die Fragen niemals aufhören, so sieht sie sich genötigt, zu Grundsätzen ihre Zuflucht zu nehmen, die allen möglichen Erfahrungsgebrauch überschreiten und gleichwohl so unverdächtig scheinen, daß auch die gemeine Menschenvernunft damit im Einverständnisse steht. Dadurch aber stürzt sie sich in Dunkelheit und Widersprüche, aus welchen sie zwar abnehmen kann, daß irgendwo verborgene Irrtümer zum Grunde liegen müssen, die sie aber nicht entdecken kann, weil die Grundsätze, deren sie sich bedient, da sie über die Grenze aller Erfahrung hinausgehen, keinen Probierstein der Erfahrung mehr anerkennen. Der Kampfplatz dieser endlosen Streitigkeiten heißt nun *Metaphysik*. (A VII f.)

[handschriftliche Randnotiz: Schlüsse führen zu Widersprüchen und der Annahme von Irtümern]

Was sind das für Fragen, welche die Vernunft weder abweisen noch beantworten kann? Jeder, der schon einmal in einer sternenklaren Nacht zum Himmel geblickt hat, wird sich die Frage gestellt haben, ob und wie man sich die Unendlichkeit des Sternenmeeres vorstellen kann. Man kann es nicht. Also stellt man es sich als endlich vor. Was aber endlich ist, hat eine Grenze. Jetzt steht man vor dem nächsten Problem: Was ist jenseits der Grenze des Weltalls? Ein anderes Universum? Und jenseits dessen? Schon setzt unsere Vernunft wieder aus, egal, zu welchen Grundsätzen sie Zuflucht genommen hat. – Gibt es einen Gott? Es gibt Gründe, die dagegen sprechen, es gibt Gründe, die dafür sprechen. Diese zwei Beispiele greift Kant in anderer Form später wieder auf, wir werden auf sie zurückkommen.

[handschriftliche Randnotiz: Grundsatz, Widerspruch]

Um welche Fragen geht es in der Metaphysik? Eine davon haben wir weiter oben gestellt und folgendermaßen formuliert: Welcher Grund steckt hinter allem Seienden?

[handschriftliche Randnotiz: was die Welt im Innersten zusammenhält]

Auf diesem »Kampfplatz der Metaphysik« tummeln sich in Kants Zeit die Rationalisten (in der Vorrede werden sie Dogmatiker genannt) und die Empiristen (von Kant auch Indifferentisten genannt), wir haben sie bereits kennengelernt. *ohne Erfahrung*

Hier auf diesem Kampfplatz greift jetzt Kant ein, seine Waffe ist die ›Kritik der reinen Vernunft‹. Über den ungewöhnlicher Buchtitel haben wir uns ja bereits Gedanken gemacht. In der folgenden Leseprobe beantwortet er die Frage nach dem Titel und erklärt damit gleichzeitig sein Programm: *Kritik* darf nicht als negatives Urteil verstanden werden, sondern als »prüfen« oder »untersuchen«.

Die zweite wichtige Klärung gilt dem Wort »rein«: Rein ist die Vernunfttätigkeit dann, wenn sie nicht auf Erfahrung zurückgreift. ›Kritik der reinen Vernunft‹ ist demnach die Untersuchung der menschlichen Erkenntnis durch die Vernunft, und zwar ohne Zuhilfenahme der Erfahrung. *Ihr Thema ist die Selbsterkenntnis der Vernunft.*

Es ist nämlich umsonst, *Gleichgültigkeit* in Ansehung solcher Nachforschungen erkünsteln zu wollen, deren Gegenstand der menschlichen Natur *nicht gleichgültig* sein kann... Indessen ist diese Gleichgültigkeit, die sich in dem Flor aller Wissenschaften ereignet und gerade diejenigen trifft, auf deren Kenntnisse, wenn dergleichen zu haben wären, man unter allen am wenigsten Verzicht tun würde, doch ein Phänomen, das Aufmerksamkeit und Nachsinnen verdient.

Sie ist offenbar die Wirkung nicht des Leichtsinns, sondern der gereiften *Urteilskraft* des Zeitalters, welches sich nicht länger durch Scheinwissen hinhalten läßt, und eine Aufforderung an die Vernunft, das beschwerlichste aller ihrer Geschäfte, nämlich das der Selbsterkenntnis aufs neue zu übernehmen und einen Gerichtshof einzusetzen, der sie bei ihren gerechten Ansprüchen sichere, dagegen aber alle grundlose Anmaßungen, nicht durch Machtsprüche, sondern nach ihren ewigen und unwandelbaren Gesetzen, abfertigen könne, und dieser ist kein anderer als die *Kritik der reinen Vernunft* selbst.

Ich verstehe aber hierunter nicht eine Kritik der Bücher und Systeme, sondern die des Vernunftvermögens überhaupt, in Ansehung aller Erkenntnisse, zu denen sie, *unabhängig von aller Erfahrung*, streben mag, mithin die Entscheidung der Möglichkeit oder Unmöglichkeit einer Metaphysik überhaupt und die Bestimmung sowohl der Quellen, als des Umfanges und der Grenzen derselben, alles aber aus Prinzipien.

Diesen Weg, den einzigen, der übrig gelassen war, bin ich nun eingeschlagen und schmeichle mir, auf demselben die Abstellung aller Irrungen angetroffen zu haben, die bisher die Vernunft im erfahrungsfreien Gebrauche mit sich selbst entzweit hatten. Ich bin ihren Fragen nicht dadurch etwa ausgewichen, daß ich mich mit dem Unvermögen der menschlichen Vernunft entschuldigte; sondern ich habe sie nach Prinzipien vollständig spezifiziert und, nachdem ich den Punkt des Mißverstandes der Vernunft mit ihr selbst entdeckt hatte, sie zu ihrer völligen Befriedigung aufgelöst. (A XI f.)

Diese Untersuchungen haben ihn viel Mühe gekostet, klagt Kant, aber es habe sich gelohnt. So kommt er schließlich zu dem Ergebnis, daß im Mittelpunkt der Selbsterkenntnis der Vernunft immer eine zentrale Frage steht:

Central question:

... weil die Hauptfrage immer bleibt, was und wieviel kann Verstand und Vernunft, frei von aller Erfahrung, erkennen und nicht, wie ist das Vermögen zu denken selbst möglich? (A XVII)

Die Kopernikanische Wende
oder
Die Vorrede zur 2. Auflage

Ein wichtiger Hinweis zu Beginn: In den folgenden Kapiteln werden die Begriffe Verstand und Vernunft wiederholt vorkommen. Erst später wird Kant den genauen Unterschied zwischen beiden herausarbeiten, nämlich daß die Tätigkeit der Vernunft über die des Verstandes hinausgeht. Bis dorthin aber unterscheidet auch er nicht immer präzise. Mit diesem Vorbehalt vor Augen kann der Anfänger es getrost Kant gleichtun, aber wirklich nur vorerst!

Ob die Bearbeitung der Erkenntnisse, die zum Vernunftgeschäfte gehören, den sicheren Gang einer Wissenschaft gehe oder nicht, das läßt sich bald aus dem Erfolg beurteilen. Wenn sie nach viel gemachten Anstalten und Zurüstungen, so bald es zum Zweck kommt, in Stecken gerät, oder, um diesen zu erreichen, öfters wieder zurückgehen und einen anderen Weg einschlagen muß; imgleichen wenn es nicht möglich ist, die verschiedenen Mitarbeiter in der Art, wie die gemeinschaftliche Absicht erfolgt werden soll, einhellig zu machen: so kann man immer überzeugt sein, daß ein solches Studium bei weitem noch nicht den sicheren Gang einer Wissenschaft eingeschlagen, sondern ein bloßes Herumtappen sei, und es ist schon ein Verdienst um die Vernunft, diesen Weg womöglich ausfindig zu machen, sollte auch manches als vergeblich aufgegeben werden müssen, was in dem ohne Überlegung vorher genommenen Zwecke enthalten war.

Daß die *Logik* diesen sicheren Gang schon von den ältesten Zeiten her gegangen sei, läßt sich daraus ersehen, daß sie seit dem *Aristoteles* keinen Schritt rückwärts hat tun dürfen, wenn man ihr nicht etwa die Wegschaffung einiger entbehrlicher Subtilitäten, oder deutlichere Bestimmung des Vorgetragenen als Verbesserungen anrechnen will, welches aber mehr zur Eleganz, als zur Sicherheit der Wissenschaft gehört. Merkwürdig ist noch an ihr, daß sie auch bis jetzt keinen Schritt vorwärts hat tun können, und also allem Ansehen nach geschlossen und vollendet zu sein scheint. (B VII f.)

Worauf Kant in diesem Text hinaus will, dürfte klargeworden sein: Es soll der Beweis für die Wissenschaftlichkeit der Metaphysik erbracht werden. Mit der *Kritik der reinen Vernunft* soll dies gelingen, genauer gesagt, mit Hilfe einer Entdeckung, die Kant etwas vollmundig »Revolution in der Denkart« nennt. Bevor er seine Entdeckung enthüllt, untersucht er, warum aus einem bloßen Herumtappen die Wissenschaftlichkeit von Logik, Mathematik, Physik und Naturwissenschaft hervorging. Die angekündigte Revolution versucht er im nächsten Text am Beispiel des gleichschenkligen Dreiecks zu veranschaulichen.

Wir wollen aber noch vorher seine These angeben, damit sie bei Kants geschraubtem Stil nicht untergeht:

Die Vernunft kann nur das an der Natur erkennen, was sie vorher in sie hineindenkt.

Dem ersten, der den *gleichseitigen Triangel* demonstrierte (er mag nun *Thales* oder wie man will geheißen haben), dem ging ein Licht auf; denn er fand, daß er nicht dem, was er in der Figur sahe, oder auch dem bloßen Begriffe derselben nachspüren und gleichsam davon ihre Eigenschaften ablernen, sondern durch das, was er nach Begriffen selbst a priori hineindachte und darstellte (durch Konstruktion), hervorbringen müsse, und daß er, um sicher etwas a priori zu wissen, er der Sache nichts beilegen müsse, als was aus dem notwendig folgte, was er seinem Begriffe gemäß selbst in sie gelegt hat.

Mit der Naturwissenschaft ging es weit langsamer zu, bis sie den Heeresweg der Wissenschaft traf; denn es sind nur etwa anderthalb Jahrhunderte, daß der Vorschlag des sinnreichen *Baco von Verulam* (Francis Bacon, englischer Philosoph und Begründer des Empirismus, Anm. d. Vf.) diese Entdeckung teils veranlaßte, teils, da man bereits auf der Spur derselben war, mehr belebte, welche eben sowohl durch eine schnell vorgegangene Revolution der Denkart erklärt werden kann. Ich will hier nur die Naturwissenschaft, so fern sie auf *empirische* Prinzipien gegründet ist, in Erwägung ziehen.

Als *Galilei* seine Kugeln die schiefe Fläche mit einer von ihm selbst gewählten Schwere herabrollen, oder *Torricelli* die Luft ein Gewicht, was er sich zum voraus dem einer ihm bekannten Wassersäule gleich gedacht hatte, tragen ließ, oder in noch späterer Zeit *Stahl* Metalle in Kalk und diesen wiederum in Metall verwandelte, indem er ihnen etwas entzog und wiedergab: so ging allen Naturforschern ein Licht auf. Sie begriffen, daß die Vernunft nur das einsieht, was sie selbst nach ihrem Entwurfe hervorbringt, daß sie mit Prinzipien ihrer Urteile nach beständigen Gesetzen vorangehen und die Natur nötigen müsse, auf ihre Fragen zu antworten, nicht aber sich von ihr allein gleichsam am Leitbande gängeln lassen müsse; denn sonst hängen zufällige, nach keinem vorher entworfenen Plane gemachte Beobachtungen gar nicht in einem notwendigen Gesetze zusammen, welches doch die Vernunft sucht und bedarf. Die Vernunft muß mit ihren Prinzipien, nach denen allein übereinkommende Erscheinungen für Gesetze gelten können, in einer Hand, und mit dem Experiment, das sie nach jenen ausdachte, in der anderen, an die Natur gehen, zwar um von ihr belehrt zu werden, aber nicht in der Qualität eines Schülers, der sich alles vorsagen läßt, was der Lehrer will, sondern eines bestallten Richters, der die Zeugen nötigt, auf die Fragen zu antworten, die er ihnen vorlegt. Und so hat sogar Physik die so vorteilhafte Revolution ihrer Denkart lediglich dem Einfalle zu verdanken, demjenigen, was die Vernunft selbst in die Natur hineinlegt, gemäß, dasjenige in ihr zu suchen (nicht ihr anzudichten), was sie von dieser lernen muß, und wovon sie für sich selbst nichts wissen würde. Hierdurch ist die Naturwissenschaft allererst in den sicheren Gang einer Wissenschaft gebracht worden, da sie so viel Jahrhunderte durch nichts weiter als ein bloßes Herumtappen gewesen war.

Der *Metaphysik*, einer ganz isolierten spekulativen Vernunfterkenntnis, die sich gänzlich über Erfahrungsbelehrung erhebt, und zwar durch bloße Begriffe (nicht wie Mathematik durch Anwendung derselben auf Anschauung), wo also Vernunft selbst ihr eigener Schüler sein soll, ist das Schicksal bisher noch so günstig nicht gewesen, daß sie den sicheren Gang einer Wissenschaft einzuschlagen vermocht hätte; ob sie gleich älter ist, als alle übrige... (B XI ff.)

Haben wir das verstanden? Ein kleines Beispiel, das sich an Kants Dreieck-Beispiel anlehnt, soll helfen, das Gelesene abzusichern. Wir kennen alle aus dem Geometrie-Unterricht die Gleichung $a^2 + b^2 = c^2$. Zeichne ich aber ein rechtwinkliges Dreieck und kenne dieses Gesetz der Summe der Quadrate *nicht*, kann ich stundenlang vor der Zeichnung sitzen und brüten, – die drei bekannten Quadrate aus dem Schulheft, von denen die Summe der beiden kleinen Seitenquadrate gleich sein soll mit der Summe des größten Seitenquadrates, kann ich beim besten Willen nicht sehen. Ich sehe sie nur, wenn ich sie nach der Information durch den Lehrer in die Zeichnung hineinlege. Und einer muß der erste gewesen sein, der dies getan hat, um die Gesetzmäßigkeit des rechtwinkligen Dreiecks zu finden. Jeder weiß, daß es Pythagoras war.

Eine solche »Revolution« im Denken hat die Metaphysik bislang noch nicht erlebt. Eine Änderung des Denkens ist aber nötig, betont Kant, um die Wissenschaftlichkeit auch der Metaphysik nachzuweisen; erst wenn dies gelingen sollte, könnten wir wieder Vertrauen in unsere Vernunft setzen.

Kant vollzieht nun das, was er Kopernikanische Wende oder Revolution nennt. Sie genau zu kennen, ist schon deshalb wichtig, weil sie wie ein Programm die gesamte *Kritik der reinen Vernunft* bestimmt. Das Thema ist das Verhältnis zwischen meinem Ich, das etwas erkennen möchte, und dem Gegenstand, den es zu erkennen gilt.

Bisher nahm man an, alle unsere Erkenntnis müsse sich nach den Gegenständen richten; aber alle Versuche, über sie a priori etwas durch Begriffe auszumachen, wodurch unsere Erkenntnis erweitert würde, gingen unter dieser Voraussetzung zunichte. Man versuche es daher einmal, ob wir nicht in den Aufgaben der Metaphysik damit besser fortkommen, daß wir annehmen, die Gegenstände müssen sich nach unserer Erkenntnis richten, welches so schon besser mit der verlangten Möglichkeit einer Erkenntnis derselben a priori zusammenstimmt, die über Gegenstände, ehe sie uns gegeben werden, etwas festsetzen soll. Es ist hiermit eben so, als mit den ersten Gedanken des *Kopernikus* bewandt, der, nachdem es mit der Erklärung der Himmelsbewegungen nicht gut fort wollte, wenn er annahm, das ganze Sternenheer drehe sich um den Zuschauer, versuchte, ob es nicht besser gelingen möchte, wenn er den Zuschauer sich drehen, und dagegen die Sterne in Ruhe ließ. In der Metaphysik kann man nun, was die *Anschauung* der Gegenstände betrifft, es auf ähnliche Weise versuchen. Wenn die Anschauung sich nach der Beschaffenheit der Gegenstände richten müßte, so sehe ich nicht ein, wie man a priori etwas von ihr wissen könne; richtet sich aber der Gegenstand (als Objekt der Sinne) nach der Beschaffenheit unseres Anschauungsvermögens, so kann ich mir diese Möglichkeit ganz wohl vorstellen. Weil ich aber bei diesen Anschauungen, wenn sie Erkenntnisse werden sollen, nicht stehen bleiben kann, sondern sie als Vorstellungen auf irgend etwas als Gegenstand beziehen und diesen durch jene bestimmen muß, so kann ich entweder annehmen, die *Begriffe,* wodurch ich diese Bestimmung zustande bringe, richten sich auch nach dem Gegenstande, und dann bin ich wiederum in derselben Verlegenheit, wegen der Art, wie ich a priori hiervon etwas wissen könne; oder ich nehme an, die Gegenstände, oder, welches einerlei ist, die *Erfahrung*, in welcher sie allein (als gegebene Gegenstände) erkannt werden, richte sich nach diesen Begriffen, so sehe ich sofort eine leichtere Auskunft, weil Erfahrung selbst eine Erkenntnisart ist, die Verstand erfordert, dessen Regel ich in mir, noch ehe mir Gegenstände gegeben werden, mithin a priori voraussetzen muß, welche in Begriffen a priori ausgedrückt wird, nach denen sich also alle Gegenstände der Erfahrung notwendig richten und mit ihnen übereinstimmen müssen. Was Gegenstände betrifft, so fern sie bloß durch Vernunft und zwar notwendig gedacht, die aber (so wenigstens, wie die Vernunft sie denkt) gar nicht in der Erfahrung gegeben werden können, so werden die Versuche, sie zu denken (denn denken müssen sie sich doch lassen), hernach einen herrlichen Probierstein desjenigen abgeben, was wir als die veränderte Methode der Denkungsart annehmen, daß wir nämlich von den Dingen nur das a priori erkennen, was wir selbst in sie legen.

Dieser Versuch gelingt nach Wunsch, und verspricht der Metaphysik in ihrem ersten Teile, da sie sich nämlich mit Begriffen a priori beschäftigt, davon die korrespondierenden Gegenstände in der Erfahrung jenen angemessen gegeben werden können, den sicheren Gang einer Wissenschaft. Denn man kann nach dieser Veränderung der Denkart die Möglichkeit einer Erkenntnis a priori ganz wohl erklären, und, was noch mehr ist, die Gesetze, welche a priori der Natur, als dem Inbegriffe der Gegenstände der Erfahrung, zum Grunde liegen, mit ihren genugtuenden Beweisen versehen, welches beides nach der bisherigen Verfahrungsart unmöglich war. Aber es ergibt sich aus dieser Deduktion unseres Vermögens a priori zu erkennen im ersten Teile der Metaphysik ein befremdliches und dem ganzen Zwecke derselben, der den zweiten Teil beschäftigt, dem Anscheine nach sehr nachteiliges Resultat, nämlich daß wir mit ihm nie über die Grenze möglicher Erfahrung hinauskommen können, welches doch gerade die wesentlichste Angelegenheit dieser Wissenschaft ist. Aber hierin liegt eben das Experiment einer Gegenprobe der Wahrheit des Resultats jener ersten Würdigung unserer Vernunfterkenntnis a priori, daß sie nämlich nur auf Erscheinungen gehe, die Sache an sich selbst dagegen zwar als für sich wirklich, aber von uns unerkannt, liegen lasse. Denn das, was uns notwendig über die Grenze der Erfahrung und aller Erscheinungen hinaus zu gehen treibt, ist das *Unbedingte*, welches die Vernunft in den Dingen an sich selbst notwendig und mit allem Recht zu allem Bedingten, und dadurch die Reihe der Bedingungen als vollendet verlangt. Findet sich nun, wenn man annimmt, unsere Erfahrungserkenntnis richte sich nach den Gegenständen als Dingen an sich selbst, daß das Unbedingte *ohne Widerspruch gar nicht gedacht* werden könne; dagegen, wenn man annimmt, unsere Vorstellung der Dinge, wie sie uns gegeben werden, richte sich nicht nach diesen, als Dingen an sich selbst, sondern diese Gegenstände vielmehr, als Erscheinungen, richten sich nach unserer Vorstellungsart, *der Widerspruch wegfalle*; und daß folglich das Unbedingte nicht an den Dingen, so fern wir sie kennen (sie uns gegeben werden), wohl aber an ihnen, so fern wir sie nicht kennen, als Sachen an sich selbst, angetroffen werden müsse: so zeiget sich, daß, was wir anfangs nur zum Versuche annahmen, gegründet sei. (B XVI ff.)

Zuerst eine Richtigstellung, damit wir nicht auf das falsche Gleis geraten: Wir müssen an Kant die Frage stellen, ob sein Vergleich mit der Entdeckung des Kopernikus, nicht die Sonne drehe sich um die Erde, sondern die Erde um die Sonne, sehr hilfreich ist. Setzen wir in Kants Bild die Erde mit dem Ich gleich und die Sonne mit dem zu erkennenden Gegenstand, geraten wir in der Tat aufs falsche Gleis; dann dreht sich nämlich unsere Erkenntnis um den Gegenstand, und der Vergleich ginge voll daneben.

Der Vergleich mit Kopernikus geht anders: Es muß endlich einmal Schluß gemacht werden mit der Vorstellung, der menschliche Verstand sei ein Faß, in das man alle gewonnenen Erkenntnisse hineinschüttet, und je nach Bemühung, Qualität des Inhalts und Bildungsfähigkeit würde sich dieses Faß, sprich unsere Erkenntnis, verändern. (Diese Vorstellung dürfte auch, etwas vereinfacht ausgedrückt, vor Kant geherrscht haben.) Dann würde in der Tat unsere Vernunft ins Schlingern geraten, vor allem aber dann, wenn es um das Unbedingte geht und um alles, was unsere Erfahrung übersteigt.

Dieser Standort muß überwunden werden, diese Perspektive ist falsch. Kant behauptet nun (er nennt es ein »Gedankenexperiment der Vernunft«), der Verstand sei das zentrale Maß aller Erkenntnis, um das sich die erkannten Gegenstände drehen, und zwar so, wie wir sie jetzt sehen und nicht, wie auch immer sie in Wirklichkeit sein mögen.

Wir kommen auch hier nicht um ein Beispiel herum.

Ein junger Hobby-Astronom richtet in einer sternenklaren Nacht sein Teleskop auf die Sterne. Er nimmt einen blaß-blauen runden Fleck mit merkwürdigen Ringen wahr. Ist er dagegen schon etwas fortgeschritten, wird aus dem blaß-blauen Fleck ein Stern. Aus dem »runden« Stern wird etwas später vielleicht (in seinem Verstand wohlgemerkt) ein kugelförmiger Planet. Noch später werden aus den »Ringen« Asteroiden und aus dem Planeten wird auf einmal der Saturn. Ob wir den Entdecker des Saturn oder den kleinen Jungen am Teleskop vor uns haben, ist einerlei: Die Begriffe Stern, Planet, Kugel, Ringe und schließlich der Name Saturn sind eine Produktion des Verstandes.

Jetzt ist Vorsicht geboten: Der Planet Saturn hat sich im Erkenntnisakt allmählich verändert und sich nach unserem Verstand gerichtet, *ohne daß sich der Saturn an sich geändert hat.*

Bei dem letzten Satz, in dem scheinbar nebenbei der *Saturn an sich* erwähnt wurde, sind wir auf den zentralen Nerv von Kants Philosophie gestoßen: es ist das *Ding an sich.* So wie wir über den *Saturn an sich* nichts sagen können (Kant würde sogar sagen, selbst dann nicht, wenn wir auf ihm gelandet wären und auf ihm geforscht hätten), können wir über die anderen Gegenstände *an sich* etwas Sicheres sagen, sie gehören zu den *Dingen an sich*, die dem Menschen nie zur Verfügung stehen werden. Das heißt, der Mensch kann sie weder mit seinen Sinnen noch mit seiner Vernunft je voll begreifen.

Wir können nur so von ihnen etwas aussagen, wie sie von unserem Verstand produziert werden, oder in Kants Sprache: wie sie vom Verstand zur Erscheinung gebracht werden. Die wichtige Stelle im obigen Text lautet:

…oder ich nehme an, die Gegenstände oder, welches einerlei ist, die *Erfahrung*, in welcher sie allein (als gegebene Gegenstände) erkannt werden, richte sich nach diesen Begriffen. (B XVII)

Jetzt wird auch klar, was der Sinn der sog. Kopernikanischen Wende ist, es steht gleich im Anschluß: Weil das Ding an sich dem Menschen nie zur Verfügung steht, gerät die Vernunft jedesmal ins Schlingern. Nehme ich anstelle des Dings an sich die Erscheinung dessen, oder die Erfahrung, die ich mit dem zu Erkennenden mache, besteht diese Gefahr nicht mehr. Denn die Erfahrung ist Teil meines Verstandes. Somit hat die menschliche Vernunft den Vorteil, sich mit dem auseinanderzusetzen, was sie im Griff hat: mit ihrer eigenen Erfahrung.

Dies wird von nun an die Aufgabe der Metaphysik sein, als ein Tractat von der Methode, nicht ein System der Wissenschaft selbst.« (B XXII)

Kant greift den Vergleich mit Kopernikus in einer Fußnote noch einmal auf; vielleicht hatte er Bedenken, daß er noch nicht so richtig verstanden wurde. Wir machen es ihm gleich und lesen seinen Vergleich auch noch einmal:

So verschafften die Zentralgesetze der Bewegungen der Himmelskörper dem, was *Kopernikus* anfänglich nur als Hypothese annahm, ausgemachte Gewißheit, und bewiesen zugleich die unsichtbare, den Weltbau verbindende Kraft (der *Newtonischen* Anziehung), welche auf immer unentdeckt geblieben wäre, wenn der erstere es nicht gewagt hätte, auf eine widersinnische, aber doch wahre Art, die beobachteten Bewegungen nicht in den Gegenständen des Himmels, sondern in ihrem Zuschauer zu suchen. Ich stelle in dieser Vorrede die in der Kritik vorgetragene, jener Hypothese analogische, Umänderung der Denkart auch nur als Hypothese auf, ob sie gleich in der Abhandlung selbst aus der Beschaffenheit unserer Vorstellungen vom Raum und Zeit und den Elementarbegriffen des Verstandes, nicht hypothetisch, sondern apodiktisch bewiesen wird, um nur die ersten Versuche einer solchen Umänderung, welche allemal hypothetisch sind, bemerklich zu machen. (B XXII *)

Das nötige Handwerkszeug
oder
Die Einleitung

Nach den beiden Vorreden sind wir schon mitten im Prozeß der Selbsterkenntnis der Vernunft. Die Einleitung ist nicht unwichtig, denn sie stellt uns das notwendige Handwerkszeug für diese Selbsterkenntnis bereit; sie ist nicht schwer zu lesen.

I. Von dem Unterschiede der reinen und empirischen Erkenntnis

Daß alle unsere Erkenntnis mit der Erfahrung anfange, daran ist gar kein Zweifel; denn wodurch sollte das Erkenntnisvermögen sonst zur Ausübung erweckt werden, geschähe es nicht durch Gegenstände, die unsere Sinne rühren und teils von selbst Vorstellungen bewirken, teils unsere Verstandestätigkeit in Bewegung bringen, diese zu vergleichen, sie zu verknüpfen oder zu trennen, und so den rohen Stoff sinnlicher Eindrücke, zu einer Erkenntnis der Gegenstände zu verarbeiten, die Erfahrung heißt? Der Zeit nach geht also keine Erkenntnis in uns vor der Erfahrung vorher, und mit dieser fängt alle an.

Wenn aber gleich alle unsere Erkenntnis mit der Erfahrung anhebt, so entspringt sie darum doch nicht eben alle aus der Erfahrung. Denn es könnte wohl sein, daß selbst unsere Erfahrungserkenntnis ein Zusammengesetztes aus dem sei, was wir durch Eindrücke empfangen, und dem, was unser eigenes Erkenntnisvermögen (durch sinnliche Eindrücke bloß veranlaßt) aus sich selbst hergibt, welchen Zusatz wir von jenem Grundstoffe nicht eher unterscheiden, als bis lange Übung uns darauf aufmerksam und zur Absonderung desselben geschickt gemacht hat.

Es ist also wenigstens eine der näheren Untersuchung noch benötigte und nicht auf den ersten Anschein sogleich abzufertigende Frage: ob es ein dergleichen von der Erfahrung und selbst von allen Eindrücken der Sinne unabhängiges Erkenntnis gebe. Man nennt solche *Erkenntnisse a priori*, und unterscheidet sie von den *empirischen*, die ihre Quellen a posteriori, nämlich in der Erfahrung, haben. (B 1 ff.)

Am zeitlichen Anfang aller Erkenntnis steht die Erfahrung. Das griechische Wort für Erfahrung heißt *empeiria*. Nehmen wir dazu das verdeutschte Adjektiv *empirisch*, haben wir mit diesem Wort bereits das am häufigsten benutzte Handwerkszeug der Kantschen Sprache in der Hand.

Wer unsere Einführung noch in Erinnerung hat, weiß, wem Kant mit der Feststellung, alle Erkenntnis fängt mit der Erfahrung an, recht gibt: dem Empirismus. Das aber ist nur die eine Seite, denn es gilt: nicht alle Erkenntnis stammt aus der Erfahrung. Darin hat nämlich der Rationalismus recht. Für diese Erkenntnis – unabhängig von aller Erfahrung – gebraucht Kant den Namen *a priori* = von vornherein (lat.: prior = früher). Dieses Wort ist Kant sehr wichtig, denn sofort warnt er vor einem falschen umgangssprachlichen Gebrauch des *a priori*. Sein Beispiel: Wer a priori schon weiß, daß ein Haus einfällt, wenn man das Fundament untergräbt, gebraucht das a priori hier nicht im »reinen« Sinne, denn dieses Wissen kommt ohne Erfahrung nicht aus; deshalb kann es nicht rein sein.

A priori kann etwas nur dann sein, wenn von aller Erfahrung abgesehen wird. Für den Fall, daß dies nicht geschieht, gebraucht er das Wort *a posteriori* = im Nachhinein, d.h. die Erkenntnis wird »nach« (lat.: post) einer möglichen Erfahrung gewonnen. Wann aber genau können wir von einer apriorischen Erkenntnis reden? Kant nennt die Merkmale.

II. Wir sind im Besitze gewisser Erkenntnisse a priori, und selbst der gemeine Verstand ist niemals ohne solche

Es kommt hier auf ein Merkmal an, woran wir sicher ein reines Erkenntnis vom empirischen unterscheiden können. Erfahrung lehrt uns zwar, daß etwas so oder so beschaffen sei, aber nicht, daß es nicht anders sein könne. Findet sich also *erstlich* ein Satz, der zugleich mit seiner *Notwendigkeit* gedacht wird, so ist er ein Urteil a priori; ist er überdem auch von keinem abgeleitet, als der selbst wiederum als ein notwendiger Satz gültig ist, so ist er schlechterdings a priori. *Zweitens*: Erfahrung gibt niemals ihren Urteilen wahre oder strenge, sondern nur angenommene und komparative *Allgemeinheit* (durch Induktion), so daß es eigentlich heißen muß: so viel wir bisher wahrgenommen haben, findet sich von dieser oder jener Regel keine Ausnahme. Wird also ein Urteil in strenger Allgemeinheit gedacht, d. i. so, daß gar keine Ausnahme als möglich verstattet wird, so ist es nicht von der Erfahrung abgeleitet, sondern schlechterdings a priori gültig. Die empirische Allgemeinheit ist also nur eine willkürliche Steigerung der Gültigkeit, von der, welche in den meisten Fällen, zu der, die in allen gilt, wie z. B. in dem Satze: alle Körper sind schwer; wo dagegen strenge Allgemeinheit zu einem Urteile wesentlich gehört, da zeigt diese auf einen besonderen Erkenntnisquell desselben, nämlich ein Vermögen des Erkenntnisses a priori. Notwendigkeit und strenge Allgemeinheit sind also sichere Kennzeichen einer Erkenntnis a priori, und gehören auch unzertrennlich zueinander. Weil es aber im Gebrauche derselben bisweilen leichter ist, die empirische Beschränktheit derselben, als die Zufälligkeit in den Urteilen, oder es auch mannigmal einleuchtender ist, die unbeschränkte Allgemeinheit, die wir einem Urteile beilegen, als die Notwendigkeit derselben zu zeigen, so ist es ratsam, sich gedachter beider Kriterien, deren jedes für sich unfehlbar ist, abgesondert zu bedienen.

Daß es nun dergleichen notwendige und im strengen Sinne allgemeine, mithin reine Urteile a priori, im menschlichen Erkenntnis wirklich gebe, ist leicht zu zeigen. Will man ein Beispiel aus Wissenschaften, so darf man nur auf alle Sätze der Mathematik hinausgehen; will man ein solches aus dem gemeinsten Verstandesgebrauche, so kann der Satz, daß alle Veränderung eine Ursache haben müsse, dazu dienen; ja in dem letzteren enthält selbst der Begriff einer Ursache so offenbar den Begriff der Notwendigkeit der Verknüpfung mit einer Wirkung und einer strengen Allgemeinheit der Regel... (B 3 ff.)

Das erste Merkmal der Notwendigkeit ist eindeutig, das zweite der Allgemeinheit nicht in demselben Maße, denn es gibt auch eine Allgemeinheit, die auf Erfahrung beruht. Jeder weiß, daß Schwäne im allgemeinen weiß sind. Diese Allgemeinheit aber ist, obwohl keiner von uns je einen schwarzen Schwan gesehen hat, eine angenommene. Selbst wenn es den schwarzen Schwan (den es tatsächlich gibt) in keinem Land der Erde gäbe, würden wir von einer empirischen, und nicht von einer *strengen* Allgemeinheit ausgehen, wenn wir behaupten, alle Schwäne seien weiß.

Damit sind wir bereits bei dem nächsten begrifflichen Werkzeug angelangt, dessen sich Kant bedient: es ist das Begriffspaar *analytisches Urteil – synthetisches Urteil*.

IV. Von dem Unterschiede analytischer und synthetischer Urteile

In allen Urteilen, worinnen das Verhältnis eines Subjekts zum Prädikat gedacht wird (wenn ich nur die bejahende erwäge, denn auf die verneinende ist *nachher* die Anwendung leicht), ist dieses Verhältnis auf zweierlei Art möglich. Entweder das Prädikat B gehört zum Subjekt A als etwas, was in diesem Begriffe A (versteckter Weise) enthalten ist; oder B liegt ganz außer dem Begriff A, ob es zwar mit demselben in Verknüpfung steht. Im ersten Fall nenne ich das Urteil *analytisch, in dem* andern *synthetisch*. Analytische Urteile (die bejahende) sind also diejenige, in welchen die Verknüpfung des Prädikats mit dem Subjekt durch Identität, diejenige aber, in denen diese Verknüpfung ohne Identität gedacht wird, sollen synthetische Urteile heißen. Die erstere könnte man auch *Erläuterungs-,* die andere *Erweiterungsurteile* heißen, weil jene durch das Prädikat nichts zum Begriff des Subjekts hinzutun, sondern diesen nur durch Zergliederung in seine Teilbegriffe zerfällen, die in selbigen schon (*obgleich* verworren) gedacht waren: da hingegen die letztere zu dem Begriffe des Subjekts ein Prädikat hinzutun, welches in jenem gar nicht gedacht war, und durch keine Zergliederung desselben hätte können herausgezogen werden. Z. B. wenn ich sage: alle Körper sind ausgedehnt, so ist dies ein analytisch Urteil. Denn ich darf nicht *über den Begriff,* den ich mit dem Körper verbinde, hinausgehen, um die Ausdehnung, als mit demselben verknüpft, zu finden, sondern jenen Begriff nur zergliedern, d. i. des Mannigfaltigen, welches ich jederzeit in ihm denke, *mir* nur bewußt werden, um dieses Prädikat darin anzutreffen; es ist also ein analytisches Urteil. Dagegen, wenn ich sage: alle Körper sind schwer, so ist das Prädikat etwas ganz anderes, als das, was ich in dem bloßen Begriff eines Körpers überhaupt denke. Die Hinzufügung eines solchen Prädikats gibt also ein synthetisch Urteil.

Erfahrungsurteile, als solche, sind insgesamt synthetisch. Denn es wäre ungereimt, ein analytisches Urteil auf Erfahrung zu gründen, weil ich aus meinem Begriffe gar nicht hinausgehen darf, um das Urteil abzufassen, und also kein Zeugnis der Erfahrung dazu nötig habe. Daß ein Körper ausgedehnt sei, ist ein Satz, der a priori feststeht, und kein Erfahrungsurteil. Denn, ehe ich zur Erfahrung gehe, habe ich alle Bedingungen zu meinem Urteile schon in dem Begriffe, aus welchem ich das Prädikat nach dem Satze des Widerspruchs nur herausziehen, und dadurch zugleich der Notwendigkeit des Urteils bewußt werden kann, welche mir Erfahrung nicht einmal lehren würde.

Dagegen ob ich schon in dem Begriff eines Körpers überhaupt das Prädikat der Schwere gar nicht einschließe, so bezeichnet *jener* doch *einen Gegenstand* der Erfahrung durch einen Teil derselben, zu welchem ich also noch andere Teile eben derselben Erfahrung, als zu dem ersteren *gehöreten*, hinzufügen kann. Ich kann den Begriff des Körpers vorher analytisch durch die Merkmale der Ausdehnung, der Undurchdringlichkeit, der Gestalt etc., die alle in diesem Begriffe gedacht werden, erkennen. Nun erweitere ich aber meine Erkenntnis, und, indem ich auf die Erfahrung zurücksehe, von welcher ich diesen Begriff des Körpers abgezogen hatte, so finde ich mit obigen Merkmalen auch die Schwere jederzeit verknüpft, *und füge also diese als Prädikat zu jenem Begriffe synthetisch hinzu.* Es ist also die Erfahrung, worauf sich die Möglichkeit der Synthesis des Prädikats der Schwere mit dem Begriffe des Körpers gründet, *weil beide Begriffe, ob zwar einer nicht in dem andern enthalten ist, dennoch als Teile eines Ganzen, nämlich der Erfahrung, die selbst eine synthetische Verbindung der Anschauungen ist, zu einander, wiewohl nur zufälliger Weise, gehören.*

Aber bei synthetischen Urteilen a priori fehlt dieses Hilfsmittel ganz und gar. Wenn ich über den Begriff A hinausgehen soll, um einen anderen B als damit verbunden zu erkennen, was ist das, worauf ich mich stütze, und wodurch die Synthesis möglich wird? Da ich hier den Vorteil nicht habe, mich im Felde der Erfahrung danach umzusehen. Man nehme den Satz: Alles, was geschieht, hat seine Ursache. In dem Begriff von etwas, das geschieht, denke ich zwar ein Dasein... Aber der Begriff einer Ursache *liegt ganz außer jenem Begriffe, und* zeigt etwas von dem, was geschieht, Verschiedenes an, ist also in dieser letzteren Vorstellung gar nicht mit enthalten. (B 10 ff.)

Nehmen wir nun die neuen Begriffe unter die Lupe. Bei dem Wort »Urteil« ist nicht an einen Richterspruch gedacht. Kant verwendet »Urteil« durchgängig im Sinne von Behauptung oder Annahme. Unter *analytisch* finden wir im Fremdwörterlexikon die Bedeutung »zergliedernd«. Zur Verdeutlichung sollen die üblichen Beispiele verwendet werden, die in den meisten Philosophie-Einführungen zu lesen sind:

Das Urteil »Der Schimmel ist ein weißes Pferd« ist ein analytisches Urteil, weil die Prädikate »weiß« und »Pferd« im Subjekt »Schimmel« enthalten sind. Diese Einsicht ist unabhängig von jeder Erfahrung. Alle analytischen Urteile gelten aber zugleich auch als apriorische Urteile, weil sie allgemein und mit strenger Notwendigkeit gelten: Während ein Mann verheiratet sein kann oder nicht, kann ein Junggeselle allgemein und notwendigerweise nicht verheiratet sein. Insofern trifft Kants Erklärung zu, ein analytisches Urteil sei ein »Erläuterungsurteil«.

Anders das *synthetische* (= zusammengesetzte) *Urteil*. Es ist ein aus mehreren Aussagen bestehendes Urteil. Beispiel: »Mein Nachbar ist ein geschiedener älterer Beamter.« Die Prädikate geschieden, älter und Beamter gehen weder allgemein noch notwendig aus dem Begriff Nachbar hervor, sondern sie werden hinzugefügt; deshalb ist das synthetische Urteil – nach Kant – ein »Erweiterungsurteil«.

Dies zu verstehen, bereitet keine Mühe, doch ergibt sich dabei ein nicht geringes Problem: Ein analytisches Urteil bringt meinen Kenntnisstand nicht weiter. Es ist zwar wichtig, aber es verdeutlicht lediglich manche Begriffe. Dagegen trägt ein synthetisches Urteil zu einer wirklichen Erweiterung meiner Kenntnis bei; das Problem hierbei aber ist, daß ich allein auf Erfahrungen angewiesen bin.

Dieses Dilemma veranlaßt Kant zu fragen, ob es ein Urteil gibt, das meine Erkenntnis wirklich erweitert und dazu noch allgemein und notwendig gilt. Kants Frage mit anderen Worten:

Gibt es synthetische Urteile, welche dieselbe allgemeine und notwendige Geltung haben wie die analytischen Urteile? Oder noch knapper gefragt: Gibt es synthetische Urteile a priori?

Kant beantwortet diese Frage mit einem Ja. Er begründet dies mit Beispielen aus anderen Wissenschaften:

a) In der *Mathematik* gilt der Satz 7 + 5 = 12 als apriorisch richtig, da das Ergebnis allgemeingültig und notwendig ist; der Satz ist aber kein analytischer, da in der Zahl 12 nicht unbedingt die Zahlen 5 und 7 als Bestandteile enthalten sind, es könnten genauso gut 4 und 8 darin stecken. Daher ist der Satz von synthetischer Natur.

b) In der *Geometrie* gilt ähnliches für den Satz: Zwischen zwei Punkten ist die kürzeste Linie die Gerade. Das Wort »Gerade« enthält nicht analytisch die Begriffe »Punkte« oder »kurz«, deshalb ist auch dies ein synthetischer Satz a priori.

c) Ebenso gilt in der *Physik*: Wirkung und Gegenwirkung müssen jederzeit einander gleich sein. Die Begründung ist dieselbe wie bei a) und b).

Die Wissenschaftlichkeit von Mathematik/Geometrie/Physik braucht man nicht beweisen, denn »daß sie möglich sein müssen, wird durch ihre Wirklichkeit bewiesen« (B 20). Wie aber ist es mit der *Metaphysik*? Mit dem Nachweis von synthetischen Urteilen a priori entscheidet sich auch die Frage nach der Wissenschaftlichkeit der Metaphysik. Daß die Metaphysik eine Wirklichkeit ist, haben wir schon in der 1. Vorrede gesehen; Kant nennt sie hier die »Metaphysik als Naturanlage«: sie ist das ewige Fragen der Vernunft, das nicht beantwortet werden kann und sich ständig in Widersprüche verwickelt. Damit darf man es aber nicht bewenden lassen.

Da sich aber, bei allen bisherigen Versuchen, diese natürlichen Fragen, z.B. ob die Welt einen Anfang habe, oder von Ewigkeit her sei, usw. zu beantworten, jederzeit unvermeidliche Widersprüche gefunden habe, so kann man es nicht bei der bloßen Naturanlage der Metaphysik, d.i. dem reinen Vernunftsvermögen selbst, woraus zwar immer irgend eine Metaphysik (es sei welche es wolle) erwächst, bewenden lassen, sondern es muß möglich sein, mit ihr es zur Gewißheit zu bringen, entweder im Wissen oder Nicht-Wissen der Gegenstände, d.i. entweder der Entscheidung über die Gegenstände ihrer Fragen, oder über das Vermögen und Unvermögen der Vernunft, in Ansehung ihrer etwas zu urteilen, also entweder unsere reine Vernunft mit Zuverlässigkeit zu erweitern, oder ihr bestimmte und sichere Schranken zu setzen. Diese letzte Frage, die aus der obigen allgemeinen Aufgabe fließt, würde mit Recht diese sein: *Wie ist Metaphysik als Wissenschaft möglich?*

...

Auch kann diese Wissenschaft nicht von großer abschreckender Weitläufigkeit sein, weil sie es nicht mit Objekten der Vernunft, deren Mannigfaltigkeit unendlich ist, sondern es bloß mit sich selbst, mit Aufgaben, die ganz aus ihrem Schoße entspringen, und ihr nicht durch die Natur der Dinge, die von ihr unterschieden sind, sondern durch ihre eigene vorgelegt sind, zu tun hat; da es denn, wenn sie zuvor ihr eigen Vermögen in Ansehung der Gegenstände, die ihr in der Erfahrung vorkommen mögen, vollständig hat kennen lernen, leicht werden muß, den Umfang und die Grenzen ihres über alle Erfahrungsgrenzen versuchten Gebrauchs vollständig und sicher zu bestimmen.

Man kann also und muß alle bisher gemachten Versuche, eine Metaphysik dogmatisch zustande zu bringen, als ungeschehen ansehen; denn was in der einen oder der anderen Analytisches, nämlich bloße Zergliederung der Begriffe ist, die unserer Vernunft a priori beiwohnen, ist noch gar nicht der Zweck, sondern nur eine Veranstaltung zu der eigentlichen Metaphysik, nämlich seine Erkenntnisse a priori synthetisch zu erweitern, und ist zu diesem untauglich, weil sie bloß zeigt, was in diesen Begriffen enthalten ist, nicht aber, wie wir a priori zu solchen Begriffen gelangen... (B 22 ff.)

Bei dieser Textpassage besteht die Gefahr, daß das Wichtigste leicht überlesen werden kann. Der Metaphysik als Wissenschaft, wie sie Kant im Auge hat, geht es nicht um die unzähligen Objekte unserer möglichen Erkenntnisse auf dieser Welt, sondern *es geht ihr nur um sich selbst und die Aufgaben, die sie als Vernunftwissenschaft hat.* Kant hat auch einen Namen für das neue System, dessen sich die Vernunft bedient: er nennt es *Transzendental-Philosophie.*

Hiermit hat Kant das vorläufig letzte begriffliche Werkzeug eingeführt, das wir jetzt klären müssen. Was bedeutet dieses für alle Kant-Werke so zentrale Wort *transzendental*?

Beginnen wir mit dem ähnlich klingenden Begriff »transzendent«, das der Leser vielleicht schon kennt und das er auf keinen Fall mit »transzendental« verwechseln darf. Transzendent kommt vom lateinischen *transcendere* und heißt *hinüberschreiten, eine Grenze überschreiten.* Die Grenze, die überschritten wird, ist die menschliche Wirklichkeit, wie sie mit unseren fünf Sinnen wahrnehmbar ist. Transzendent wären Begriffe wie Gott oder Unendlichkeit, weil sie unsere sinnliche Erfahrung *überschreiten.*

Auch bei Kants Begriff transzendental (den es schon vor Kant gab, allerdings in einer etwas anderen Bedeutung) wird eine Grenze überschritten, aber nicht nach vorne, in die Jenseitigkeit aller Erfahrung, sondern rückwärts: Was liegt aller Erkenntnis zugrunde, was sind die *Bedingungen der Möglichkeit aller Erkenntnis*?

Dies klingt – zugegeben – etwas geschwollen, aber wir können dem Leser die Definition von »transzendental« als »Bedingung der Möglichkeit von ...« nicht ersparen. Ein Beispiel soll uns weiterhelfen.

Sehe ich einen Bettler am Straßenrand sitzen, gibt es mehrere Bedingungen der Möglichkeit von Erkenntnis: Die *biologische* Bedingung der Möglichkeit, den Bettler wahrzunehmen, wären meine Augen und meine Sehschärfe. Die *psychologische* Bedingung dieser Möglichkeit könnte das schlechte Gewissen angesichts meiner vollen Einkaufstüte sein. Die *theologische* Bedingung der Möglichkeit, ihn wahrzunehmen, wäre die Jesus-Geschichte vom armen Lazarus und dem Reichen.

Dies alles sind empirische Bedingungen der Möglichkeit von Erkenntnis. Die aber interessieren Kant nicht. Er fragt nach den Bedingungen der Möglichkeit von Erkenntnis, die nicht biologischer, psychologischer oder theologischer Art sind, sondern die apriorisch im Verstand des Menschen sind. In den vor aller Erfahrung liegenden Bedingungen der Erfahrung nämlich geht es nicht um die Erkenntnis von Gegenständen, sondern um die Erkenntnisart, die apriorisch möglich ist.

Damit sind wir auf dem Weg, der zu der wichtigen Kantschen Theorie des Apriori als der Ursprungserkenntnis unseres Wissens führt.

Wir wollen auch Kants Einleitung beschließen mit einer Text-Lektüre, bei der wir uns nicht durch die gleich auftauchende Frage zu verwirren lassen brauchen, ob nun die angestrebte Wissenschaft Transzendental-Philosophie oder ›Kritik der reinen Vernunft‹ heißt, oder wer zu wem die Idee oder das System ist. Der Anfänger kann sich diese Klärung ersparen.

VII. Idee und Einteilung einer besonderen Wissenschaft, unter dem Namen einer Kritik der reinen Vernunft

Aus diesem allem ergibt sich nun die Idee einer besonderen Wissenschaft, *die Kritik der reinen Vernunft heißen kann. Denn ist Vernunft das Vermögen*, welches die Prinzipien der Erkenntnis a priori an die Hand gibt. Daher ist reine Vernunft diejenige, welche die Prinzipien, etwas schlechthin a priori zu erkennen, enthält. Ein Organon der reinen Vernunft würde ein Begriff derjenigen Prinzipien sein, nach denen alle reine Erkenntnisse a priori können erworben und wirklich zustande gebracht werden. Die ausführliche Anwendung eines solchen Organon würde ein System der reinen Vernunft verschaffen.

…

Ich nenne alle Erkenntnis transzendental, die sich nicht sowohl mit Gegenständen, sondern mit *unserer Erkenntnisart* von Gegenständen, *so fern diese* a priori *möglich sein soll*, überhaupt beschäftigt. Ein System solcher Begriffe würde *Transzendental-Philosophie* heißen. Diese ist aber wiederum für den Anfang *noch* zu viel. Denn, weil eine solche Wissenschaft so wohl die analytische Erkenntnis, als die synthetische a priori vollständig enthalten müßte, so ist sie, *so weit* es unsere Absicht betrifft, von zu weitem Umfange, indem wir die Analysis nur so weit treiben dürfen, als sie unentbehrlich *notwendig* ist, um die Prinzipien der Synthesis a priori, als worum es uns nur zu tun ist, in ihrem ganzen Umfange einzusehen. Diese Untersuchung, die wir eigentlich nicht Doktrin, sondern nur transzendentale Kritik nennen können, weil sie nicht die Erweiterung der Erkenntnisse selbst, sondern nur die Berichtigung derselben zur Absicht hat, und den Probierstein des Werts oder Unwerts aller Erkenntnisse a priori abgeben soll, ist das, womit wir uns jetzt beschäftigen. Eine solche Kritik ist demnach eine Vorbereitung, wo möglich, zu einem Organon, und wenn dieses nicht gelingen sollte, wenigstens zu einem Kanon derselben, nach *welchem* allenfalls dereinst das vollständige System der Philosophie der reinen Vernunft, es mag nun in Erweiterung oder bloßer Begrenzung ihrer Erkenntnis bestehen, so wohl analytisch als synthetisch dargestellt werden könnte. Denn daß dieses möglich sei, ja daß ein solches System von nicht gar großem Umfange sein könne, um zu hoffen, es ganz zu vollenden, läßt sich schon zum voraus daraus ermessen, daß hier nicht die Natur der Dinge, welche unerschöpflich ist, sondern der Verstand, der über die Natur der Dinge urteilt, und auch dieser wiederum nur in Ansehung seiner Erkenntnis a priori, den Gegenstand ausmacht, dessen Vorrat, weil wir ihn doch auswärtig suchen dürfen, uns nicht verborgen bleiben kann, und allem Vermuten nach klein genug ist, um vollständig aufgenommen, nach seinem Werte oder Unwerte beurteilt und unter richtige Schätzung gebracht zu werden. *Noch weniger darf man hier eine Kritik der Bücher und Systeme der reinen Vernunft erwarten, sondern die des reinen Vernunftvermögens selbst. Nur allein, wenn diese zum Grunde liegt, hat man einen sicheren Probierstein, den philosophischen Gehalt alter und neuer Werke in diesem Fache zu schätzen; widrigenfalls beurteilt der unbefugte Geschichtsschreiber und Richter grundlos Behauptungen anderer, durch seine eigene, die eben so grundlos sind.*

Die Transzendental-Philosophie ist *die Idee einer Wissenschaft*, wozu die Kritik der reinen Vernunft den ganzen Plan architektonisch, d.i. aus Prinzipien, entwerfen soll, mit völliger Gewährleistung der Vollständigkeit und Sicherheit aller Stücke, die dieses Gebäude *ausmachen. Sie ist das System aller Prinzipien der reinen Vernunft.* Daß diese Kritik nicht schon selbst Tranzendental-Philosophie heißt, beruhet lediglich darauf, daß sie, um ein vollständiges System zu sein, auch eine ausführliche Analysis der ganzen menschlichen Erkenntnis a priori enthalten müßte.

...

Zur Kritik der reinen Vernunft gehört demnach alles, was die Transzendental-Philosophie ausmacht, und sie ist die vollständige Idee der Transzendental-Philosophie, aber diese Wissenschaft noch nicht selbst; weil sie in der Analysis nur so weit geht, als es zur vollständigen Beurteilung der synthetischen Erkenntnis a priori erforderlich ist.

Das vornehmste Augenmerk bei der Einteilung einer solchen Wissenschaft ist: daß gar keine Begriffe hineinkommen müssen, die irgend etwas Empirisches in sich enthalten; oder daß die Erkenntnis a priori völlig rein sei. (B 24 ff.)

Der Gesamtplan

oder
Das Inhaltsverzeichnis

Wer ein neu gekauftes Elektrogerät auspackt, findet nicht nur eine Gebrauchsanweisung, sondern auch einen Bau- oder Schaltplan, der bei einer Reparatur Auskunft darüber gibt, welchen Zusammenhang die Einzelteile zum Ganzen haben und welchem Sinn sie dienen. Das ist nicht anders bei Kants Inhaltsangabe der ›Kritik der reinen Vernunft‹.

Wir schauen uns jetzt, etwas verspätet, die Inhaltsangabe an, aber nicht die unübersichtliche, die manchen Ausgaben auf sechs Seiten vorgeschaltet ist, sondern die kleinere, die in jeder Textausgabe zwischen Vorrede und Einleitung zu finden ist.

Inhalt

I. Transzendentale Elementarlehre

   Erster Teil. Transzendentale Ästhetik
   1. Abschnitt. Vom Raume
   2. Abschnitt. Von der Zeit

   Zweiter Teil. Transzendentale Logik
   1. Abteilung. Transzendentale Analytik in zwei
   Büchern und deren verschiedenen Haupt-
   stücken und Abschnitten
   2. Abteilung. Transzendentale Dialektik in zwei
   Büchern und deren verschiedenen Haupt-
   stücken und Abschnitten

II. Transzendentale Methodenlehre...

Ein Blick auf die (hier nicht abgedruckten) Seitenzahlen verrät uns bereits, daß die *Transzendentale Elementarlehre* mit guten 700 Seiten im Mittelpunkt unseres Interesses stehen muß. Des besseren Überblickes wegen wollen wir nur sie untergliedern.

Transzendentale Ästhetik
(Die Theorie von der sinnlichen
Wahrnehmung)

Transzendentale Logik
(Die Theorie des Denkens)

**Transzendentale
Analytik**
(Thema: Verstand)

**Transzendentale
Dialektik**
(Thema: Vernunft)

Daß uns diese schlagwortartigen Begriffe jetzt noch nicht viel sagen, soll im Moment in Kauf genommen werden, die Klärung ergibt sich später von allein.

Das 1. Standbein der Erkenntnis:
Die Sinneswahrnehmung

oder

Die transzendentale Ästhetik

Wer einmal beim Anblick eines schönen Gemäldes einen ästhetischen Kunstgenuß erlebt hat, wird sich jetzt verwundert fragen, was das Wort »ästhetisch« mit Kants transzendentaler Ästhetik zu tun hat. Die Antwort ist recht einfach. Das Wort Ästhetik kommt nämlich von dem griechischen Wort *aisthesis* und heißt einfach nur *Wahrnehmung*; das erhabene Gefühl der künstlerischen Besonderheit des Wortes *ästhetisch* ist eine Zutat der deutschen Sprache. Müßten wir heute nach einem passenden Fremdwort suchen, um das auszudrücken, was Kant mit *Ästhetik* meint, würden wir das lateinische Wort *Perzeption* nehmen.

Wer sich noch erinnert, was transzendental heißt, kommt eigentlich von selbst darauf, worum es Kant in diesem Kapitel geht: um die Bedingung der Möglichkeit von Wahrnehmung. Was heißt das?

Um etwas erkennen zu können, benötige ich an erster Stelle die Wahrnehmung durch meine fünf Sinne, des Sehens, Tastens, Schmeckens, Hörens und Riechens. Kant gebraucht hierfür einen Begriff, dessen Bedeutung heute eine Verkürzung erfahren hat: *Sinnlichkeit*. Zum Erkennen brauche ich aber mehr als nur die Sinnlichkeit, denn jede Erkenntnis setzt auch den Verstand voraus. Sehe ich beispielsweise auf der Straße eine Katze, ist diese Erkenntnis nicht nur die Leistung meines Sehvermögens, oder meiner Ohren, die ein klagendes Miau vernehmen, sondern auch die Leistung meines Verstandes, der aus dem Anschauungsmaterial Tigerfell, Schnurrbart, Pfoten und Miauen den Begriff »Katze« formt. Ist dagegen kein

Tier in meiner Sicht- oder Hörweite, und mein Gesprächspartner sagt, er habe sich vor kurzem eine Katze angeschafft, genügt für meinen Verstand schon der Begriff Katze, um ein liebenswertes vierbeiniges Fellwesen mit Samtpfoten zu produzieren.

Kant spricht von dem doppelten Erkenntnisvermögen des Menschen, wir drücken es so aus: jede Erkenntnis hat zwei Standbeine.

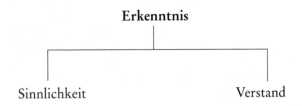

Warum es nur diese »zwei Stämme der menschlichen Erkenntnis (gibt), die vielleicht aus einer gemeinsamen, aber uns unbekannten Wurzel entspringen« (B 29), begründet Kant nicht. Aber seine Gedanken sind leicht nachzuvollziehen. Er will damit sagen: Der Verstand ist auf die Sinnlichkeit angewiesen, und umgekehrt bringt die Sinnlichkeit ohne den Verstand keine richtige Erkenntnis zustande.

Bevor wir dies mit einem Beispiel illustrieren, greifen wir auf eines der bekanntesten Zitate der ›Kritik der reinen Vernunft‹ vor:

Gedanken ohne Inhalt sind leer, Anschauungen ohne Begriffe sind blind. (B75)

Wir müssen bei diesem Satz etwas verweilen, weil er so zentral ist.

a. Gedanken ohne Inhalt sind leer
(oder: Der Verstand ist auf die Sinnlichkeit angewiesen)

Nennt mir jemand den Begriff *sobaka*, sagt mir das
Wort überhaupt nichts, es entsteht kein Bild in meiner
Vorstellung. Erst der Hinweis, dies sei das russische
Wort für »Hund«, füllt den Begriff mit der angeneh-
men Vorstellung des Streichelns (oder der unangeneh-
men Vorstellung des Knurrens) eines Hundes aus.

b. Anschauungen ohne Begriffe sind blind
(oder: Die Sinnlichkeit ist auf den Verstand angewiesen)

Sehe ich ein kugelförmiges Gebilde mit drei gluck-
senden Öffnungen und einer Rundantenne um die
Mitte, weiß ich nicht, was dies ist, es ist dies eine
»blinde Anschauung«, wie Kant sagt. Erst wenn mein
Verstand die Begriffe »Science-Fiction-Film« oder
»extraterrestrisches Filmwesen« verarbeitet, ist meine
Erkenntnis auf den richtigen Weg gebracht.

Vor der Lektüre der transzendentalen Ästhetik
kurz noch einige Klärungen über die wichtigsten Begriffe Kants in diesem Kapitel.

1. *Sinnlichkeit* ist die Fähigkeit, von Gegenständen
»affiziert« werden zu können: der Schrank, den ich
sehe, wirkt auf meinen Sehsinn ein, der Stuhl, auf dem
ich sitze, auf meinen Fühlsinn (affizieren = einwirken,
anreizen).

2. Dieses Einwirken von Gegenständen liefert uns
die *Anschauungen*: ich sehe/fühle geformte Gegenstände aus Holz.

3. Werden diese mit dem Verstand gedacht, entspringen aus ihm die *Begriffe* (Stuhl/Schrank).

4. Die Wirkung der Gegenstände auf unsere Sinnlichkeit nennt Kant *Empfindung* oder *empirische Anschauung* (Zusammenspiel von Begriff und Anschauung).

5. Den Gegenstand dieser Anschauung nun nennt Kant die *Erscheinung*.

Der aufmerksame Leser fragt sich jetzt sicher: Was ist der Unterschied zwischen der »Erscheinung« von Nr. 5 und dem »Gegenstand« von Nr. 1? Keiner. Genauer gesagt, Kant gebraucht zu Beginn seiner Argumentation den Begriff »Gegenstand« etwas nachlässig; er tut so, als ob der Gegenstand an sich, oder um bei dem Beispiel des Stuhles zu bleiben, der »Stuhl an sich« uns zur Verfügung steht, auf daß er unsere Sinne affizieren könnte. Das kann er natürlich nicht, er kann es auch hier nur als Erscheinung. Ein Flüchtigkeitsfehler Kants oder eine absichtliche Vereinfachung? Wir können es nicht beantworten.

Wie wird nun Kant vorgehen, um dem auf die Spur zu kommen, was unsere Wahrnehmung ermöglicht?

Eine Wissenschaft von allen Prinzipien der Sinnlichkeit a priori nenne ich die *transzendentale Ästhetik*. Es muß also eine solche Wissenschaft geben, die den ersten Teil der transzendentalen Elementarlehre ausmacht, im Gegensatz mit derjenigen, welche die Prinzipien des reinen Denkens enthält, und transzendentale Logik genannt wird.

In der transzendentalen Ästhetik also werden wir zuerst die Sinnlichkeit *isolieren*, dadurch, daß wir alles absondern, was der Verstand durch seine Begriffe dabei denkt, damit nichts als empirische Anschauung übrig bleibe. Zweitens werden wir von dieser noch alles, was zur Empfindung gehört, abtrennen, damit nichts als reine Anschauung und die bloße Form der Erscheinung übrig bleibe, welches das einzige ist, das die Sinnlichkeit a priori liefern kann. Bei dieser Untersuchung wird sich finden, daß es zwei reine Formen sinnlicher Anschauung, als Prinzipien der Erkenntnis a priori gebe, nämlich Raum und Zeit, mit deren Erwägung wir uns jetzt beschäftigen werden. (B 35 f.)

Die Sinnlichkeit unserer Wahrnehmung wird isoliert, und dabei wird all das abgesondert, was der Verstand an Begriffen produziert hat, bis nur noch die empirischen Anschauungen übrigbleiben. Aber nicht genug damit: Jetzt muß noch alles, was zur Empfindung gehört, abgetrennt werden. Das Resultat ist die Entdeckung von zwei *reinen Formen sinnlicher Anschauung* als Prinzipien unserer Erkenntnis:

    a) Der Raum, den er *äußeren Sinn* nennt,
    b) die Zeit, die er *inneren Sinn* nennt.

Der Raum

Von dem Raume
§ 2
Metaphysische Erörterung dieses Begriffes

Vermittelst des äußeren Sinnes (einer Eigenschaft unsres Gemüts) stellen wir uns Gegenstände als außer uns, und diese insgesamt im Raume vor. Darinnen ist ihre Gestalt, Größe und Verhältnis gegeneinander bestimmt, oder bestimmbar. Der innere Sinn, vermittelst dessen das Gemüt sich selbst, oder seinen inneren Zustand anschauet, gibt zwar keine Anschauung von der Seele selbst, als einem Objekt; allein es ist doch eine bestimmte Form, unter der die Anschauung ihres innern Zustandes allein möglich ist, so, daß alles, was zu den innern Bestimmungen gehört, in Verhältnissen der Zeit vorgestellt wird. Äußerlich kann die Zeit nicht angeschaut werden, so wenig wie der Raum, als etwas in uns. Was sind nun Raum und Zeit? Sind es wirkliche Wesen? Sind es zwar nur Bestimmungen, oder auch Verhältnisse der Dinge, aber solche, welche ihnen auch an sich zukommen würden, wenn sie auch nicht angeschaut würden, oder sind sie solche, die nur an der Form der Anschauung allein haften, und mithin an der subjektiven Beschaffenheit unseres Gemüts, ohne welche diese Prädikate gar keinem Dinge beigeleget werden können? Um uns hierüber zu belehren, wollen wir zuerst *den Begriff des Raumes erörtern. Ich verstehe aber unter Erörterung (expositio) die deutliche (wenn gleich nicht ausführliche) Vorstellung dessen, was zu einem Begriffe gehört; metaphysisch aber ist die Erörterung, wenn sie dasjenige enthält, was den Begriff, als a priori gegeben, darstellt.* (B 37 f.)

Jetzt wird in vier Begründungen nachgewiesen, warum der Raum eine reine Form sinnlicher Anschauung ist.

1) Der Raum ist kein empirischer Begriff, der von äußeren Erfahrungen abgezogen worden. Denn damit gewisse Empfindungen auf etwas außer mich bezogen werden (d.i. auf etwas in einem andern Orte des Raumes, als darinnen ich mich befinde), imgleichen damit ich sie als außer und neben einander , mithin nicht bloß verschieden, sondern als in verschiedenen Orten vorstellen könne, dazu muß die Vorstellung des Raumes schon zum Grunde liegen. Demnach kann die Vorstellung des Raumes nicht aus den Verhältnissen der äußern Erscheinung durch Erfahrung erborgt sein, sondern diese äußere Erfahrung ist selbst nur durch gedachte Vorstellung allererst möglich.

2) Der Raum ist eine notwendige Vorstellung, a priori, die allen äußeren Anschauungen zum Grunde liegt. Man kann sich niemals eine Vorstellung davon machen, daß kein Raum sei, ob man sich gleich ganz wohl denken kann, daß keine Gegenstände darin angetroffen werden. Er wird also als die Bedingung der Möglichkeit der Erscheinungen, und nicht als eine von ihnen abhängige Bestimmung angesehen, und ist eine Vorstellung a priori, die notwendiger Weise äußeren Erscheinungen zum Grunde liegt.

3) Der Raum ist kein diskursiver, oder, wie man sagt,

allgemeiner Begriff von Verhältnissen der Dinge überhaupt, sondern eine reine Anschauung. Denn erstlich
kann man sich nur einen einigen Raum vorstellen, und
wenn man von vielen Räumen redet, so verstehet man
darunter nur Teile eines und desselben alleinigen Raumes.
Diese Teile können auch nicht vor dem einigen allbefas-
senden Raume gleichsam als dessen Bestandteile (daraus
eine Zusammensetzung möglich sei) vorhergehen, sondern nur *in ihm* gedacht werden. Er ist wesentlich einig,
das Mannigfaltige in ihm, mithin auch der allgemeine Begriff von Räumen überhaupt, beruht lediglich auf Ein-
schränkungen. Hieraus folgt, daß in Ansehung seiner eine
Anschauung a priori (die nicht empirisch ist) allen Begriffen von *demselben* zum Grunde *liegt*. So werden auch alle
geometrischen Grundsätze, z.B. daß in einem Triangel
zwei Seiten zusammen größer sein, als die dritte, niemals
aus allgemeinen Begriffen von Linie und Triangel, sondern aus der Anschauung und zwar a priori mit apodikti-
scher Gewißheit abgeleitet.

*4) Der Raum wird als eine unendliche gegebene Größe
vorgestellt. Nun muß man zwar einen jeden Begriff als
eine Vorstellung denken, die in einer unendlichen Menge
von verschiedenen möglichen Vorstellungen (als ihr ge-
meinschaftliches Merkmal) enthalten ist, mithin diese
unter sich enthält; aber kein Begriff, als ein solcher, kann so
gedacht werden, als ob er eine unendliche Menge von Vorstellungen in sich enthielte. Gleichwohl wird der Raum so
gedacht (denn alle Teile des Raumes ins Unendliche sind
zugleich). Also ist die ursprüngliche Vorstellung vom
Raume Anschauung a priori, und nicht Begriff.* (B 37 ff.)

Wir illustrieren nun diese vier Begründungen mit
einem Beispiel.

zu 1. »Gestern saß ich mit Fritz im Wohnzimmer
bei einem Glas Wein; wir hatten eine nette Unterhaltung.« Uns interessiert hier nur der Raum; klar ist,
daß das Wohnzimmer eine empirische Raumvorstel-
lung ist. Die gestrige Unterhaltung hätte jederzeit

auch im Arbeitszimmer oder auf einem Spazierweg im Wald sein können. Nun kann aber das Wohnzimmer oder der Waldweg von den »äußeren Erfahrungen abgezogen werden«, aber nicht die Tatsache, daß die Unterhaltung irgendwo stattgefunden hat. Es gibt nämlich keine Unterhaltung, die nicht räumlich ist, d.h. die an keinem Ort stattfindet. Das ist gemeint, wenn Kant sagt, die Vorstellung des Raumes muß zu Grunde liegen.

zu 2. Man kann sich zwar vorstellen, daß keine Gegenstände in einem Raume sind, aber nicht, daß es keinen Raum gäbe. Das Räumliche kann nicht weggedacht werden. Deshalb ist der Raum eine notwendige und somit auch eine apriorische Vorstellung.

zu 3. Auch wenn man von mehreren Räumen spricht, sind diese nicht Bestandteile des einen Raumes. Der Wohnraum kann zwar vom Schlafraum getrennt sein, aber nicht das spezifisch Räumliche vom Raum. *Die Vorstellung des Raumes liegt allen anderen Raumbegriffen zugrunde.*

zu 4. Der Raum ist eine unendliche Größe und kein Begriff, wie beispielsweise das Arbeitszimmer einer ist, weil man ihn nicht wegdenken kann. Das Arbeitszimmer kann ich wegdenken, aber nicht den Raum selbst; deshalb ist er eine Anschauung a priori.

Die Zeit

Was für den Raum gilt, gilt genauso für die zweite reine Anschauungsform, die Zeit. Die einzelnen Schritte in der Begründung sind fast wortwörtlich dieselben. Trotzdem wollen wir auch sie in knapper Form wiedergeben, mit der Nebenabsicht, das eben Gelesene zu vertiefen.

zu 1. Kehren wir zu der gestrigen Wohnzimmerunterhaltung bei dem Glas Wein zurück, stellen wir fest, daß auch die Zeitangabe des Gestern empirischen Ursprungs ist, denn wir hätten diese Erfahrung auch vorgestern oder letzten Monat machen können. Nicht möglich aber ist, daß die Unterhaltung in keiner zeitlichen Abfolge stattgefunden hat, sei es im Sinne eines Aufeinanderfolgens oder eines Zugleichseins. Ich kann zwar ein »Nach dem Essen« oder »Während des Rauchens einer Pfeife« aus meiner Erfahrung abziehen, aber nicht das Zeitliche überhaupt, sei es zugleich oder nacheinander.

zu 2. Die Zeit ist eine notwendige Vorstellung; da man sie nicht aufheben kann, liegt sie a priori der Wahrnehmung zugrunde.

zu 3. (An dieser Stelle bei Kant die Nr. 4) »Verschiedene Zeiten sind nur Teile eben derselben Zeit.« (B 47)

zu 4. (5.) Die Zeit ist eine unendliche Größe und kein Begriff.

Wir fassen zusammen:

Kant argumentiert in den Begründungen 1 und 2 gegen den Empirismus:

Raum und Zeit haben apriorischen Charakter.

Kant argumentiert in den Begründungen 3 und 4 gegen den Rationalismus:

Raum und Zeit sind keine Begriffe des Denkens, sondern haben Anschauungscharakter.

Zur Vollständigkeit sei noch ein letzter Gedanke erwähnt: Gibt es eine Rangordnung zwischen Raum und Zeit? Ja, sagt Kant. Der äußere Sinn der Räumlichkeit ist dem inneren Sinn der Zeitlichkeit untergeordnet, denn alles Räumliche muß auch zeitlich angeschaut werden, während das Zeitliche nicht unbedingt räumlich angeschaut werden muß. Der Vorrang der Zeit geht sogar bis ins Denken hinein. Schon der Satz Kants: »Die Vorstellung des Raumes liegt der Wahrnehmung zugrunde« ist eine zeitliche Kategorie!

Der Gedanke vom Vorrang der Zeit liest sich im Original so:

Die Zeit ist die formale Bedingung a priori aller Erscheinungen überhaupt. Der Raum, als die reine Form aller äußeren Anschauung ist als Bedingung a priori bloß auf äußere Erscheinungen eingeschränkt. Dagegen, weil alle Vorstellungen, sie mögen nun äußere Dinge zum Gegenstande haben, oder nicht, doch an sich selbst, als Bestimmungen des Gemüts, zum innern Zustande gehören; dieser innere Zustand aber unter der formalen Bedingung der inneren Anschauung, mithin der Zeit gehört, so ist die Zeit eine Bedingung a priori von aller Erscheinung überhaupt, und zwar die unmittelbare Bedingung der inneren (unserer Seelen) und eben dadurch mittelbar auch der äußeren Erscheinungen. Wenn ich a priori sagen kann: alle äußere Erscheinungen sind im Raume, und nach den Verhältnissen des Raumes a priori bestimmt, so kann ich aus dem Prinzip des innern Sinnes ganz allgemein sagen: alle Erscheinungen überhaupt, d.i. alle Gegenstände der Sinne, sind in der Zeit, und stehen notwendiger Weise in Verhältnissen der Zeit.

Wenn wir von unserer Art, uns selbst innerlich anzuschauen, und vermittelst dieser Anschauung auch alle äußeren Anschauungen in der Vorstellungskraft zu befassen, abstrahieren, und mithin die Gegenstände nehmen, so wie sie an sich selbst sein mögen, so ist die Zeit nichts. Sie ist nur von objektiver Gültigkeit in Ansehung der Erscheinungen ... Die Zeit ist also lediglich eine subjektive Bedingung unserer (menschlichen) Anschauung, (welche jederzeit sinnlich ist, d.i. sofern wir von Gegenständen affiziert werden,) und an sich, außer dem Subjekte, nichts ...

Unsere Behauptungen lehren demnach *empirische Realität* der Zeit, d.i. objektive Gültigkeit in Ansehung aller Gegenstände, die jemals unseren Sinnen gegeben werden mögen. Und da unsere Anschauung jederzeit sinnlich ist, so kann uns in der Erfahrung niemals ein Gegenstand gegeben werden, der nicht unter die Bedingung der Zeit gehörte. Dagegen bestreiten wir der Zeit allen Anspruch auf absolute Realität, da sie nämlich... schlechthin den Dingen als Bedingung oder Eigenschaft anhinge. (B 50 ff.)

Zum Schluß dieses Kapitels fassen wir die transzendentale Ästhetik zusammen mit ein paar abschließenden Sätzen von Kant selbst.

Wir haben also sagen wollen: daß alle unsre Anschauungen nichts als die Vorstellung von Erscheinung sei; daß die Dinge, die wir anschauen, nicht das an sich selbst sind, wofür wir sie anschauen, noch ihre Verhältnisse so an sich selbst beschaffen sind, als sie uns erscheinen, und daß, wenn wir unser Subjekt oder auch nur die subjektive Beschaffenheit der Sinne überhaupt aufheben, alle die Beschaffenheit, alle Verhältnisse der Objekte im Raum und Zeit, ja selbst Raum und Zeit verschwinden würden, und als Erscheinungen nicht an sich selbst, sondern nur in uns existieren können. Was es für eine Bewandtnis mit den Gegenständen an sich und abgesondert von aller dieser Rezeptivität unserer Sinnlichkeit haben möge, bleibt uns gänzlich unbekannt. Wir kennen nichts, als unsere Art, sie wahrzunehmen, die uns eigentümlich ist, die auch nicht notwendig jedem Wesen, ob zwar jedem Menschen, zukommen muß. Mit dieser haben wir es lediglich zu tun. (B 59)

Critik

der

reinen Vernunft

von

Immanuel Kant

Profeſſor in Königsberg.

Riga,
verlegts Johann Friedrich Hartknoch
1781.

Titelblatt von ›Kritik der reinen Vernunft‹

Das 2. Standbein der Erkenntnis:
Das Denken des Verstandes

oder

Die transzendentale Logik

Das Wort Logik ist trotz seiner philosophiegeschichtlichen Kompliziertheit auch dem philosophisch ungeübten Denker einigermaßen geläufig. Logik (griechisch: Logos = Vernunft) ist nichts anderes als die Lehre vom Denken. Werden beim Denken bestimmte Gesetzlichkeiten eingehalten, sprechen wir von einem logischen Denken. Beispiel: Ich weiß, daß ich einmal sterben muß, weil ich als Mensch ein endliches Lebewesen bin. Dies ist ein logischer Satz, weil der Denkinhalt des ersten Teils des Satzes von demselben Beziehungsgesetz getragen ist wie der zweite Teil des Satzes.

Werden diese Beziehungsgesetze außer acht gelassen, sprechen wir von einem unlogischen Denken. Ein Beispiel können wir uns ersparen, die Umgangssprache strotzt nur so von unlogischen Redewendungen.

Kant beruft sich auf die von dem griechischen Philosophen Aristoteles begründete Logik, ohne sie aber einfach zu übernehmen. Nachdem er die Wissenschaft von den Regeln der Sinnlichkeit Ästhetik genannt hat, definiert er die Logik als die Wissenschaft der Verstandesregeln und gliedert sie in verschiedene Einteilungen auf, die wir dem philosophischen Anfänger im Eilschritt aufzeigen wollen, um schneller zum Wesentlichen vorstoßen zu können. Wer will, kann aber auch gleich zum nächsten Kapitel übergehen.

Es gibt für Kant auf der einen Seite die »Logik des allgemeinen Vernunftgebrauches«, auf der anderen Seite die »Logik des besonderen Vernunftgebrauches«. Es interessiert Kant nur die erstere als Elementarlogik, die zweite ist für ihn nur ein »Organ« für die eine oder andere Wissenschaft.

Die allgemeine Logik ist nun entweder die reine, oder die angewandte Logik. In der ersteren abstrahieren wir von allen empirischen Bedingungen, unter denen unser Verstand ausgeübt wird, z.B. vom Einfluß der Sinne, vom Spiele der Einbildung, den Gesetzen des Gedächtnisses, der Macht der Gewohnheit, der Neigung usw., mithin auch den Quellen der Vorurteile, ja gar überhaupt von allen Ursachen, daraus uns gewisse Erkenntnisse entspringen, oder *untergeschoben* werden mögen, weil sie bloß den Verstand unter gewissen Umständen seiner Anwendung betreffen, und, um diese zu erkennen, Erfahrung erfordert wird. Eine *allgemeine, aber reine Logik*, hat es also mit lauter Prinzipien a priori zu tun, und ist ein *Kanon des Verstandes* und der Vernunft, aber nur in Ansehung des Formalen ihres Gebrauches, der Inhalt mag sein, welcher er wolle. Eine *allgemeine Logik* aber heißt alsdann *angewandt*, wenn sie auf die Regeln des Gebrauchs des Verstandes unter den subjektiven empirischen Bedingungen, die uns die Psychologie lehrt, gerichtet ist. Sie hat also empirische Prinzipien, ob sie zwar insofern allgemein ist, daß sie auf den Verstandesgebrauch ohne Unterschied der Gegenstände geht. Um deswillen ist sie auch weder ein Kanon des Verstandes überhaupt, noch ein Organon besonderer Wissenschaften... (B 77)

Die allgemeine Logik wird nun wiederum in die »reine Logik« und die »angewandte Logik« unterteilt. Welche die wichtigere ist, lesen wir bei Kant selbst: es ist die, welche er die kurze und trockene nennt.
In der allgemeinen Logik muß also der Teil, der die reine Vernunftlehre ausmachen soll, von demjenigen gänzlich abgesondert werden, welcher die angewandte (obzwar

noch immer allgemeine) Logik ausmacht. Der erstere ist eigentlich nur allein Wissenschaft, obzwar kurz und trocken, und wie es die schulgerechte Darstellung einer Elementarlehre des Verstandes erfordert. In dieser müssen also die Logiker jederzeit zwei Regeln vor Augen haben.

1. Als allgemeine Logik abstrahiert sie von allem Inhalt der Verstandeserkenntnis, und der Verschiedenheit ihrer Gegenstände, und hat mit nichts als der bloßen Form des Denkens zu tun.

2. Als reine Logik hat sie keine empirische Prinzipien, mithin schöpft sie nichts (wie man sich bisweilen überredet hat) aus der Psychologie, die also auf den Kanon des Verstandes gar keinen Einfluß hat. Sie ist eine demonstrierte Doktrin, und alles muß in ihr völlig a priori gewiß sein.

Was ich die angewandte Logik nenne (wider die gemeine Bedeutung des Wortes, nach der sie gewisse Exerzitien, dazu die reine Logik die Regel gibt, enthalten soll), so ist sie eine Vorstellung des Verstandes und der Regeln seines notwendigen Gebrauchs in concreto, nämlich unter den zufälligen Bedingungen des Subjekts, die diesen Gebrauch hindern oder befördern können, und die insgesamt nur empirisch gegeben werden. (B 78)

Nach dieser Klärung unternimmt Kant den nächsten Schritt zu seinem Ziel und führt den Begriff der »transzendentalen Logik« ein. Was reine Logik und transzendentale Logik unterscheidet, geht aus dem folgenden Text ohne Mühe hervor.

In der Erwartung also, daß es vielleicht Begriffe geben könne, die sich a priori auf Gegenstände beziehen mögen, nicht als reine oder sinnliche Anschauungen, sondern bloß als Handlungen des reinen Denkens, die mithin Begriffe, aber weder empirischen noch ästhetischen Ursprungs sind, so machen wir uns zum voraus die Idee von einer Wissenschaft des reinen Verstandes und Vernunfterkenntnisses, dadurch wir Gegenstände völlig a priori denken. Eine solche Wissenschaft, welche den Ursprung, den Umfang und die objektive Gültigkeit solcher Erkenntnisse bestimmte, würde *transzendentale Logik* heißen müssen, weil sie es bloß mit den Gesetzen des Verstandes und der Vernunft zu tun hat, aber lediglich, sofern sie auf Gegenstände a priori bezogen wird, und nicht, wie die allgemeine Logik, auf die empirischen sowohl, als reinen Vernunftserkenntnisse ohne Unterschied. (B 81)

Demnach befaßt sich die reine Logik nur mit der Form des Denkens, ohne Inhalt des Denkens und ohne empirische Prinzipien. Transzendentale Logik dagegen befaßt sich mit den Gesetzen des formalen Denkens, *sofern sie a priori auf Gegenstände bezogen werden können.* Damit bleibt die Logik nicht in der Luft hängen.

Die weitere Aufteilung der Logik in Analytik und Dialektik stammt auch nicht von Kant, dafür aber die Umbenennung in *transzendentale Analytik und transzendentale Dialektik.* Den ersten Begriff klärt Kant in einem ca. 200-seitigen Teil, den zweiten auf ungefähr 400 Seiten.

Das Skelett der Erkenntnis

oder

Die transzendentale Analytik

Mit der Erinnerung vor Augen, daß wir das Wort »analytisch« bereits im Sinne von »zergliedernd« kennen, gehen wir an den nächsten Text heran.

Die transzendentale Analytik

Diese Analytik ist die Zergliederung unseres gesamten Erkenntnisses a priori in die Elemente der reinen Verstandeserkenntnis. Es kommt hierbei auf folgende Stücke an. 1. Daß die Begriffe reine und nicht empirische Begriffe seien. 2. Daß sie nicht zur Anschauung und zur Sinnlichkeit, sondern zum Denken und Verstande gehören. 3. Daß sie Elementarbegriffe seien und von den abgeleiteten, oder daraus zusammengesetzten, wohl unterschieden werden. 4. Daß ihre Tafel vollständig sei, und sie das ganze Feld des reinen Verstandes gänzlich ausfüllen. Nun kann diese Vollständigkeit einer Wissenschaft nicht auf den Überschlag, eines bloß durch Versuche zustande gebrachten Aggregats, mit Zuverlässigkeit angenommen werden; daher ist sie nur vermittelst einer *Idee des Ganzen* der Verstandeserkenntnis a priori und *durch* die daraus bestimmte Abteilung der Begriffe, welche sie ausmachen, mithin nur durch ihren *Zusammenhang in einem System* möglich. Der reine Verstand sondert sich nicht allein von allem Empirischen, sondern sogar von aller Sinnlichkeit völlig aus. Er ist also eine vor sich selbst beständige, sich selbst genugsame, und durch keine äußerlich hinzukommende Zusätze zu vermehrende Einheit. Daher wird der Inbegriff seiner Erkenntnis ein unter einer Idee zu befassendes und zu bestimmendes System ausmachen, dessen Vollständigkeit und Artikulation zugleich einen Probierstein der Richtigkeit und Echtheit aller hineinpassenden Erkenntnisstücke abgeben kann. Es besteht aber dieser ganze Teil der transzendentalen Logik aus zwei

Büchern, deren das eine die *Begriffe*, das andere die *Grundsätze* des reinen Verstandes enthält.

Die Analytik der Begriffe

Ich verstehe unter der Analytik der Begriffe nicht die Analysis derselben, oder das gewöhnliche Verfahren in philosophischen Untersuchungen, Begriffe, die sich darbieten, ihrem Inhalt nach zu zergliedern und zur Deutlichkeit zu bringen, sondern die noch wenig versuchte *Zergliederung des Verstandesvermögens selbst*, um die Möglichkeit der Begriffe a priori dadurch zu erforschen, daß wir sie im Verstande allein, als ihrem Geburtsorte, aufsuchen, und dessen reinen Gebrauch überhaupt analysieren; denn dieses ist das eigentümliche Geschäft einer Transzendental-Philosophie; das übrige ist die logische Behandlung der Begriffe in der Philosophie überhaupt. Wir werden also die reinen Begriffe bis zu ihren ersten Keimen und Anlagen im menschlichen Verstande verfolgen, in denen sie vorbereitet liegen, bis sie endlich bei Gelegenheit der Erfahrung entwickelt und durch ebendenselben Verstand, von den ihnen anhängigen empirischen Bedingungen befreit, in ihrer Lauterkeit dargestellt werden. (B 89 ff.)

Was Kant von der sinnlichen Wahrnehmung fordert, verlangt er auch vom Denken. Genauso, wie das Gewühl von Sinnesempfindungen nach zugrundeliegenden apriorischen Prinzipien durchforstet wurde, soll nun das Denken durchsucht werden. Bei dieser Durchsuchung soll gefragt werden, ob es nicht Denkformen gibt, welche die von Kant geforderten vier Punkte erfüllen:

1. Sie dürfen nicht von der Erfahrung abhängen.
2. Sie dürfen nicht zur Sinnlichkeit gehören.
3. Sie dürfen nicht abgeleitet oder zusammengesetzt sein.

4. Sie müssen in einer vollständigen Zusammenstellung (Kant: Tafel) erfaßt werden können.

Wie gelingt nun die Entdeckung dieser apriorischen Denkformen? Kant macht seine Entdeckung auf dem Umweg über den Begriff des Urteils. Er fragt: Was geschieht eigentlich bei dem, was man Verstandestätigkeit nennt? Die Antwort lautet: Verstehen heißt Urteilen, und Urteilen kann nur durch Begriffe geschehen.

Mit dieser knappen Hinführung können wir den Leser getrost mit der Lektüre des nächsten Abschnittes allein lassen.

(Vom transzendentalen Leitfaden
der Entdeckung aller reinen Verstandesbegriffe)

*Von dem logischen Verstandesgebrauche
überhaupt*

Der Verstand wurde oben bloß negativ erklärt: durch ein nichtsinnliches Erkenntnisvermögen. Nun können wir, unabhängig von der Sinnlichkeit, keiner Anschauung teilhaftig werden. Also ist der Verstand kein Vermögen der Anschauung. Es gibt aber, außer der Anschauung, keine andere Art, zu erkennen, als durch Begriffe. Also ist die Erkenntnis eines jeden, wenigstens des menschlichen, Verstandes eine Erkenntnis durch Begriffe, nicht intuitiv, sondern diskursiv. Alle Anschauungen, als sinnlich, beruhen auf den Affektionen, die Begriffe also auf Funktionen. Ich verstehe aber unter Funktion die Einheit der Handlung, verschiedene Vorstellungen unter einer gemeinschaftlichen zu ordnen. Begriffe gründen sich also auf die Spontaneität des Denkens, wie sinnliche Anschauungen auf der Rezeptivität der Eindrücke. Von diesen Begriffen kann nun der Verstand keinen andern Gebrauch machen, als daß er dadurch urteilt. Da keine Vorstellung

unmittelbar auf den Gegenstand geht als bloß die Anschauung, so wird ein Begriff niemals auf einen Gegenstand unmittelbar, sondern auf irgend eine andere Vorstellung von demselben (sie sei Anschauung oder selbst
schon Begriff) bezogen. Das Urteil ist also die mittelbare
Erkenntnis eines Gegenstandes, mithin die Vorstellung
einer Vorstellung desselben. In jedem Urteil ist ein Begriff, der für viele gilt, und unter diesem Vielen auch eine
gegebene Vorstellung begreift, welche letztere denn auf
den Gegenstand unmittelbar bezogen wird. So bezieht
sich z.B. in dem Urteile: alle *Körper* sind *veränderlich*, der
Begriff des Teilbaren auf verschiedene andere Begriffe;
unter diesen aber wird er hier besonders auf den Begriff
des Körpers bezogen; dieser aber auf gewisse uns vorkommende Erscheinungen. Also werden diese Gegenstände durch den Begriff der Teilbarkeit mittelbar vorgestellt. Alle Urteile sind demnach Funktionen der Einheit
unter unsern Vorstellungen, da nämlich statt einer unmit-
telbaren Vorstellung eine höhere, die diese und mehrere
unter sich begreift, zur Erkenntnis des Gegenstandes gebraucht, und viel mögliche Erkenntnisse dadurch in einer
zusammengezogen werden. Wir können aber alle Handlungen des Verstandes auf Urteile zurückführen, so daß
der *Verstand* überhaupt als ein Vermögen zu urteilen vorgestellt werden kann. Denn er ist nach dem obigen ein
Vermögen zu denken. Denken ist das Erkenntnis durch
Begriffe. Begriffe aber beziehen sich, als Prädikate möglicher Urteile, auf irgendeine Vorstellung von einem noch
unbestimmten Gegenstande. So bedeutet der Begriff des
Körpers etwas, z.B. Metall, was durch jenen Begriff erkannt werden kann. Er ist also nur dadurch Begriff, daß
unter ihm andere Vorstellungen enthalten sind, vermittelst deren er sich auf Gegenstände beziehen kann. Er ist
also das Prädikat zu einem möglichen Urteile, z.B. ein
jedes Metall ist ein Körper. Die Funktionen des Verstandes können also insgesamt gefunden werden, wenn man
die Funktionen der Einheit in den Urteilen vollständig
darstellen kann. (B 92 ff.)

Mit der Aufzählung diverser Urteile allein ist es natürlich nicht getan. Nehmen wir ein Beispiel: Einzelurteile über den Hund, z.B. er hat eine feuchte Schnauze, er wedelt mit dem Schwanz, er winselt, ergeben nicht allzuviel Sinn. Deshalb müssen Urteile geordnet werden; dies ist Aufgabe des Verstandes, der alle Urteile zu einer Einheit bündelt. Diese Bündelung sieht dann bei unserem Hundebeispiel so aus: Er freut sich, wenn Herrchen kommt, deshalb wedelt er mit dem Schwanz und stupst ihn mit seiner feuchten Schnauze an.

Diese Tätigkeit des Verstandes erfolgt durch die Denkformen, um die es gleich gehen wird. *Dies darf nicht überlesen werden: den jetzt zu findenden Denkformen kommt eine einheitstiftende Funktion zu!* Ohne diese Einheitsfunktion des Verstandes wäre alles Urteilen wirr und zusammenhanglos!

Bevor wir aber zu diesen einheitstiftenden Denkformen kommen, wollen wir dem Leser, der sich bis jetzt etwas angestrengt hat, eine kleine Zusammenfassung anbieten und in kurzen Sätzen wiederholen, was wir bis jetzt über Erkenntnis wissen.

1. Innerhalb der Sinnlichkeit ordnen Raum und Zeit alle Empfindungen. Dies fanden wir in der transzendentalen Ästhetik abgehandelt: *Gegenstände werden uns gegeben.*

2. Der Verstand formt jetzt die geordneten Empfindungen weiter und erhebt sie zu Begriffen, die auf Gegenstände bezogen werden können. Dies fanden wir in der transzendentalen Logik abgehandelt: *Gegenstände werden gedacht.*

3. Jetzt werden die Begriffe vom Verstand zu Urteilen verknüpft. Dies ist das Thema der transzendentalen Analytik als Unterabteilung der transzendentalen Logik.

(Ein knapper Hinweis am Rande: Der Unterschied zwischen dem 2. und dem 3. Punkt ist nicht sehr groß, da die Begriffsbildung auch schon ein Urteilen ist.)

Die Ordnungsfaktoren, die Kant bei dieser verknüpfenden Tätigkeit finden wird, nennt er *transzendentale Grundbegriffe* oder (hier übernimmt er einen Begriff von Aristoteles) *Kategorien*.

Wir haben oben bereits gesagt, daß Kant die Entdeckung der Kategorien auf dem Umweg über die Urteile gelingt. Der erste Schritt ist für Kant demnach eine Untersuchung aller denkbaren Formen von Urteilen und daraufhin erst die Prüfung, welcher transzendentale Grundbegriff, d.h. welche Kategorie in jedem dieser Urteile steckt.

Von diesen Urteilsformen glaubt Kant, sie vollständig erfaßt zu haben. Diese Urteilstafel, die wir uns jetzt anschauen wollen, wird von Kant mit dem Anspruch der Vollständigkeit vorgelegt und erläutert, aber nicht weiter begründet. Sie ist in der Geschichte der Philosophie umstritten und wurde demnach auch oft kritisiert.

Von der logischen Funktion des Verstandes in Urteilen

(B 95:)

Wenn wir von allem Inhalte eines Urteils überhaupt abstrahieren, und nur auf die bloße Verstandesform darin Acht geben, so finden wir, daß die Funktion des Denkens in demselben unter vier Titel gebracht werden könne, deren jeder drei Momente unter sich enthält. Sie können füglich in folgender Tafel vorgestellt werden.

I.
Quantität der Urteile
Allgemeine
Besondere
Einzelne

2.	**3.**
Qualität	**Relation**
Bejahende	Kategorische
Verneinende	Hypothetische
Unendliche	Disjunktive

4.
Modalität
Problematische
Assertorische
Apodiktische

Beispiele sollen diese Tafel illustrieren.

1. Quantität der Urteile
(Die Reihenfolge ist zwecks des besseren Vergleichs
mit der Kategorieneinteilung jetzt umgedreht)

Einzelurteil:	Herr Müller ist ein Beamter.
Besonderes Urteil:	Einige Tiere sind Säugetiere.
Allgemeines Urteil:	Alle Menschen sind sterblich.

2. Qualität der Urteile:

Bejahendes Urteil:	Der Kölner Dom ist hoch.
Verneinendes Urteil:	Das Haus daneben ist nicht hoch.
Unendliches Urteil:	Jenes Haus ist kein Dom. (Das Urteil ist deswegen unendlich, weil es unendlich

79

viele Möglichkeiten gibt, was
es sein kann, Wohnhaus,
Kaufhaus, usw.)

3. Relation der Urteile:
Kategorisches Urteil: Der Kreis ist rund.
(Unbedingtes Urteil)

Hypothetisches Urteil: Wenn die Sonne scheint,
(Bedingtes Urteil)   schmilzt die Butter.

Disjunktives Urteil: Der Hund ist entweder ein
(Ausschließendes   Schäferhund oder ein Dackel
Urteil)   oder ein Pudel oder ...

4. Modalität
Problematisches Urteil: Es könnte heute Schnee
(Vermutendes Urteil)   fallen.

Assertorisches Urteil: Es wird heute schneien.
(Behauptendes Urteil)

Apodiktisches Urteil: Ich muß eines Tages sterben.
(Notwendiges Urteil)

Kant geht nun von folgendem aus: Wenn man die Urteilsformen vollständig auflisten kann, kann man auch
die reinsten Begriffe auffinden, die diesen Urteilen
zugrundeliegen. Rein müssen sie schon deshalb sein,
weil in dem Urteil (z.B. »Der Kölner Dom ist hoch«)
eine Menge von empirischem und zufälligem Sinnes-
material steckt, das es auszusondern gilt. Es muß also
etwas übrigbleiben nach Abzug sämtlichen empirischen und zufälligen Sinnenmaterials. Und dieses
Etwas ist für ihn die *Kategorie*.
    Und das ist die Tafel der gefundenen, aber nicht
näher begründeten Kategorien:

Tafel der Kategorien

1.
Der Quantität:
Einheit
Vielheit
Allheit

2.	3.
Der Qualität:	**Der Relation:**
Realität	der Inhärenz und Subsistenz
Negation	(substantia et accidens)
Limitation	der Kausalität und Dependenz
	(Ursache und Wirkung)
	der Gemeinschaft

4.
Der Modalität:

Möglichkeit – Unmöglichkeit
Dasein – Nichtsein
Notwendigkeit – Zufälligkeit

Dieses ist nun die Verzeichnung aller ursprünglich reinen Begriffe der Synthesis, die der Verstand a priori in sich enthält, und um derentwillen er auch nur ein reiner Verstand ist; indem er durch sie allein etwas bei dem Mannigfaltigen der Anschauung verstehen, d.i. ein Objekt derselben denken kann. Diese Einteilung ist systematisch aus einem gemeinschaftlichen Prinzip, nämlich dem Vermögen zu urteilen, (welches ebensoviel ist, als das Vermögen zu denken,) erzeugt, und nicht rhapsodistisch, aus einer auf gut Glück unternommenen Aufsuchung reiner Begriffe entstanden... (B 106)

Wir machen jetzt den Versuch, einige Kategorien exemplarisch auf die dazupassenden Urteile anzuwenden.

Für das Urteil »Herr Müller ist ein Beamter« benötigt unsre Erkenntnis nach Abzug alles Sinnlichen die Kategorie der Einheit, für das Urteil, einige Tiere seien Säugetiere, die Kategorie der Vielheit und für die Sterblichkeit aller Menschen die Kategorie der Allheit.

Für das Urteil über den Kölner Dom ist die Denkform der Realität nötig: Realität heißt, daß etwas für uns Wirklichkeit hat, hier: die Höhe des Kölner Doms. Die anschließende verneinende Aussage benötigt die Denkform der Negation, usw.

Als Anfänger der Philosophie wollen wir uns mit dieser Vereinfachung begnügen. Wir können uns dies mit gutem Gewissen leisten, denn es gibt keine zufriedenstellende Antwort auf die Frage, wie Kant von den zwölf Urteilsformen auf die zwölf Kategorien kommt.

Selbst der große Kant drückt sich davor, das Wort Kategorie zu definieren, wenn er sagt:

Der Definitionen dieser Kategorien überhebe ich mich in dieser Abhandlung geflissentlich, ob ich gleich im Besitz derselben sein möchte. (B 108)

Die Seele der Erkenntnis
oder
Die transzendentale Deduktion

Wir begegnen hier dem zentralen Nerv der ›Kritik der reinen Vernunft‹, mit dem Kant so sehr gerungen hat, daß sich die Fertigstellung des Buches erheblich verzögert hat. Auch die Tatsache, daß sich 1. und 2. Auflage hier erheblich unterscheiden, ist ein Indiz dafür, daß Kant viel Mühe aufwenden mußte, um das zu überarbeiten, was er das Herzstück seines Buches genannt hat. Aber um was geht es bei diesem Herzstück?

Vor der Antwort auf diese schwierige Frage eine erste Kurzinformation. Ging es bisher darum, die Kategorien als reine Verstandesbegriffe a priori überhaupt zu entdecken, geht es jetzt in der transzendentalen Deduktion darum, sie und ihren Gebrauch zu rechtfertigen. Dies meint das Wort »Deduktion« (lat.: Ableitung). Durch die Ableitung dieser reinen Begriffe aus dem Verstand soll eine Rechtfertigung der reinen Begriffe geleistet werden.

Als *transzendentale* Deduktion sollen darüber hinaus die Bedingungen der möglichen Erkenntnis dieser Begriffe gerechtfertigt werden.

Das ist das eine. Zum anderen soll die transzendentale Deduktion die Frage klären, wie reine Verstandesbegriffe von sich aus eine Beziehung auf Gegenstände haben können. Für uns erscheint diese Frage zuerst vielleicht an den Haaren herbeigezogen: für Kant dagegen ist es die Frage überhaupt. Wir müssen den Versuch unternehmen, die Wichtigkeit dieser Frage zu begreifen.

Da ist auf der einen Seite der Mensch, der auf seine Sinne angewiesen ist und trotz seiner Vernunft nichts sagen kann über die Gegenstände, wie sie *an sich* sind.

Und da sind auf der anderen Seite die Gegenstände an sich, – wir nehmen jetzt Kants Sammelbegriff dafür –, das unbegreifliche und unverfügbare *Ding an sich*, von dem wir jeweils nur Anschauungen haben. Mit diesen zwei äußerst konträren Ausgangspositionen vor Augen stellt Kant die Frage:

Wie kann sich etwas, das jenseits von Verfügbarkeit und Begreiflichkeit ist, auf mich beziehen und umgekehrt?

Daß sich die eine Seite auf die andere bezieht, ist für Kant keinesfalls selbstverständlich. Das zu klären, ist Aufgabe der transzendentalen Deduktion. Diese Klärung war es, wie bereits erwähnt, die Kant so wichtig war, daß er die Herausgabe seines Buches noch eine Zeit lang hinausschob und um eine zufriedenstellende Antwort rang.

Nach dieser Kurzinformation lesen wir uns langsam ein:

§ 13
Von den Prinzipien einer transz. Deduktion überhaupt

… Unter den mancherlei Begriffen aber, die das sehr vermischte Gewebe der menschlichen Erkenntnis ausmachen, gibt es einige, die auch zum reinen Gebrauch a priori (völlig unabhängig von aller Erfahrung) bestimmt sind, und diese ihre Befugnis bedarf jederzeit einer Deduktion; weil zu der Rechtmäßigkeit eines solchen Gebrauchs Beweise aus der Erfahrung nicht hinreichend sind, man aber doch wissen muß, wie diese Begriffe sich auf Objekte beziehen können, die sie doch aus keiner Erfahrung hernehmen. Ich nenne daher die Erklärung der Art, wie sich Begriffe a priori auf Gegenstände beziehen können, die *transzendentale Deduktion* derselben, und unterscheide sie von der empirischen Deduktion, welche die Art anzeigt, wie ein Begriff durch Erfahrung und Reflexion über dieselbe erworben worden, und daher nicht die Rechtmäßigkeit, sondern das Faktum betrifft, wodurch der Besitz entsprungen.

Wir haben jetzt schon zweierlei Begriffe von ganz verschiedener Art, die doch darin mit einander übereinkommen, daß sie beiderseits völlig a priori sich auf Gegenstände beziehen, nämlich, die Begriffe des Raumes und der Zeit, als Formen der Sinnlichkeit, und die Kategorien, als Begriffe des Verstandes. Von ihnen eine empirische Deduktion versuchen wollen, würde ganz vergebliche Arbeit sein; weil eben darin das Unterscheidende ihrer Natur liegt, daß sie sich auf ihre Gegenstände beziehen, ohne etwas zu deren Vorstellung aus der Erfahrung entlehnt zu haben. Wenn also eine Deduktion derselben nötig ist, so wird sie jederzeit transzendental sein müssen.

Indessen kann man von diesen Begriffen, wie von allem Erkenntnis, wo nicht das Prinzipium ihrer Möglichkeit, doch die Gelegenheitsursachen ihrer Erzeugung in der Erfahrung aufsuchen, wo alsdann die Eindrücke der Sinne den ersten Anlaß geben, die ganze Erkenntniskraft in Ansehung ihrer zu eröffnen, und Erfahrung zustande zu bringen, die zwei sehr ungleichartige Elemente enthält, nämlich eine *Materie* zur Erkenntnis aus den Sinnen und eine gewisse *Form*, sie zu ordnen, aus dem inneren Quell des reinen Anschauens und Denkens, die, bei Gelegenheit der ersteren, zuerst in Ausübung gebracht werden, und Begriffe hervorbringen. (B 117 f.)

Wir brauchen hier dringend eine Erläuterung.

Beispiel: Formt mein Verstand den Begriff »Katze«, kann ich diesen Begriff mit Hilfe der »empirischen Deduktion« erklären, d.h. ich leite ihn ab von meiner gemachten Erfahrung mit Katzen und zusätzlich von meiner Reflexion über diese Erfahrungen. Damit kann ich mich aber nicht zufriedengeben, weil unsere Erkenntnis dabei an der Oberfläche der Zufälligkeit stehen bleibt. Gehe ich der Frage nach der Bedingung der Möglichkeit von Erkenntnis von Katzen nach, erreiche ich eine tiefer gelegene Schicht der Erkenntnis, bei der alle empirische Ableitung endet:

Unseren Anschauungen, die zu einer Katze gehören, liegt nämlich der reine Begriff (die Kategorie) der Einheit zugrunde; allen möglichen Anschauungen, die zu Katzen gehören, liegt die Kategorie der Allheit zugrunde, usw.

Wir gehen jetzt einen Schritt weiter. Die wichtige Weichenstellung, vor der wir jetzt stehen, muß uns bekannt vorkommen, wir sind schon einmal davor gestanden. Es ist die Kopernikanische Wende, die hier in der transzendentalen Deduktion ihren eigentlichen Platz hat. Diese Weichenstellung verlangt von uns die Entscheidung:

> Gibt es die Kategorien, weil es die Gegenstände gibt, oder gibt es die Gegenstände, weil es die Kategorien gibt?

Der aufmerksame Leser weiß, daß letzteres für Kant richtig ist.

Mit dieser Entscheidung vor Augen können wir jetzt eine erste Antwort geben auf die Frage, wie sich der menschliche Verstand mit seinen Kategorien auf die Gegenstände bezieht. Bleiben wir bei unserer Katze, um einem Mißverständnis vorzubeugen: Bei der richtigen Antwort »Es gibt Gegenstände, weil es die Kategorien gibt« darf nicht der Eindruck entstehen, die Kategorie der Einheit produziere das Fellwesen mit Schnurrbart und Pfoten, sondern es muß präziser lauten: *die Kategorie der Einheit produziert die Anschauung* des Fellwesens mit Schnurrbart und Pfoten.

Der nächste Text bringt eine kleine Zusammenfassung und führt den Gedanken weiter:

Wir haben oben an den Begriffen des Raumes und der Zeit mit leichter Mühe begreiflich machen können, wie diese als Erkenntnisse a priori sich gleichwohl auf Gegenstände notwendig beziehen müssen, und eine synthetische Erkenntnis derselben, unabhängig von aller Erfahrung, möglich machten. Denn da nur vermittelst solcher reinen Formen der Sinnlichkeit uns ein Gegenstand erscheinen, d.i. ein Objekt der empirischen Anschauung sein kann, so sind Raum und Zeit reine Anschauungen, welche die Bedingung der Möglichkeit der Gegenstände als Erscheinungen a priori enthalten, und die Synthesis in denselben hat objektive Gültigkeit.

Die Kategorien des Verstandes dagegen stellen uns gar nicht die Bedingungen vor, unter denen Gegenstände in der Anschauung gegeben werden, mithin können uns allerdings Gegenstände erscheinen, ohne daß sie sich notwendig auf Funktionen des Verstandes beziehen müssen, und dieser also die Bedingungen derselben a priori enthielte. Daher zeigt sich hier eine Schwierigkeit, die wir im Felde der Sinnlichkeit nicht antrafen, wie nämlich *subjektive Bedingungen des Denkens* sollten *objektive Gültigkeit* haben, d.i. Bedingungen der Möglichkeit aller Erkenntnis der Gegenstände abgeben: denn ohne Funktionen des Verstandes können allerdings Erscheinungen in der Anschauung gegeben werden. Ich nehme z.B. den Begriff der Ursache, welcher eine besondere Art der Synthesis bedeutet, da auf etwas A was ganz verschiedenes B nach einer Regel gesetzt wird. Es ist a priori nicht klar, warum Erscheinungen etwas dergleichen enthalten sollten (denn Erfahrungen kann man nicht zum Beweise anführen, weil die objektive Gültigkeit dieses Begriffs a priori muß dargetan werden können), und es ist daher a priori zweifelhaft, ob ein solcher Begriff nicht etwa gar leer sei und überall unter den Erscheinungen keinen Gegenstand antreffe. Denn daß Gegenstände der sinnlichen Anschauung denen im Gemüt a priori liegenden formalen Bedingungen der Sinnlichkeit gemäß sein müssen, ist daraus klar, weil sie sonst nicht Gegenstände für uns sein würden; daß sie aber auch überdem den Bedingungen, deren der Verstand zur synthetischen Einsicht des Denkens bedarf, gemäß sein müssen, davon ist die Schlußfolge nicht so leicht einzusehen. Denn es könnten wohl allenfalls Erscheinungen so beschaffen sein, daß der Verstand sie den Bedingungen seiner Einheit gar nicht gemäß fände, und alles so in Verwirrung läge, daß z.B. in der Reihenfolge der Erscheinungen sich nichts darböte, was eine Regel der Synthesis an die Hand gäbe, und also dem Begriffe der Ursache und Wirkung entspräche, so daß dieser Begriff also ganz leer, nichtig und ohne Bedeutung wäre. Erscheinungen würden nichts desto weniger unserer Anschauung Gegenstände darbieten, denn die Anschauung bedarf der Funktionen des Denkens auf keine Weise.

Gedächte man sich von der Mühsamkeit dieser Untersuchungen dadurch loszuwickeln, daß man sagte: Die Erfahrung böte unablässig Beispiele einer solchen Regelmäßigkeit der Erscheinungen dar, die genugsam Anlaß geben, den Begriff der Ursache davon abzusondern, und dadurch zugleich die objektive Gültigkeit eines solchen Begriffs zu bewähren, so bemerkt man nicht, daß auf diese Weise der Begriff der Ursache gar nicht entspringen kann, sondern daß er entweder völlig a priori im Verstande müsse begründet sein, oder als ein bloßes Hirngespinst gänzlich aufgegeben werden müsse. Denn dieser Begriff erfordert durchaus, daß etwas A von der Art sei, daß ein anderes B daraus *notwendig und nach einer schlechthin allgemeinen Regel* folge. Erscheinungen geben gar wohl Fälle an die Hand, aus denen eine Regel möglich ist, nach der etwas gewöhnlichermaßen geschieht, aber niemals, daß der Erfolg notwendig sei: daher der Synthesis der Ursache und Wirkung auch eine Dignität anhängt, die man gar nicht empirisch ausdrücken kann, nämlich, daß die Wirkung nicht bloß zu der Ursache hinzu komme, sondern durch dieselbe gesetzt sei, und aus ihr erfolge. Die strenge Allgemeinheit der Regel ist auch gar keine Eigenschaft empirischer Regeln, die durch Induktion keine andere als komparative Allgemeinheit, d.i. ausgebreitete Brauchbarkeit bekommen können. Nun würde sich aber der Gebrauch der reinen Verstandesbegriffe gänzlich ändern, wenn man sie nur als empirische Produkte behandeln wollte. (B 121 ff.)

Kants Frage zielt auf den Begriff der Ursache oder Kausalität. Wie kann Kausalität als »subjektive Bedingung des Denkens ... objektive Gültigkeit haben«? (B 122) Aus der Beobachtung bestimmter Regelmäßigkeiten von Erscheinungen kann man diese Gültigkeit wohl nicht ableiten, es wäre – wie Kant sagt – ein »bloßes Hirngespinst«.

Nehmen wir dazu eines unserer Beispiele aus der Urteilstafel Kants zu Hilfe: »Die Butter auf dem Tisch schmilzt, weil die Sonne scheint.« Unsere sinnliche Erfahrung nimmt die Sonne wahr, den Tisch und die Verflüssigung der Butter, nicht aber das *»weil«*, also nicht das Kausalprinzip zwischen Sonne und Schmelzen. *Das Kausalprinzip stammt aus dem Verstand und gilt doch notwendig und allgemein für alle Erfahrung!* Wie kommt dies zustande? Die Antwort finden wir in der neuen Denkart der Kopernikanischen Wende:

> Der Verstand prägt wie ein Stempel die Kategorie der Kausalität in das Rohmaterial der sinnlichen Wahrnehmung hinein und findet diese in der Wahrnehmung wieder.

Nach diesen grundlegenden Vorbereitungen kommt Kant zur eigentlichen Deduktion, die er in zwei »Beweisschritten« vornimmt.

Erster Schritt: (§ 15-20, B 129 ff.)

Was ist Erkenntnis? Es ist die Verbindung von Mannigfaltigem, seien es Anschauungen oder Begriffe. Diese Verbindung, von Kant Synthesis genannt, darf natürlich
– nicht aus den Sinnen und
– nicht aus dem Objekt stammen.

Wenn diese Verbindung nicht aus Sinnen oder Objekt stammt, muß sie aus dem erkennenden Subjekt stammen, und zwar aus dessen Verstand. Es ist dessen Spontaneität, die alle Synthesis zustande bringt. Nehmen wir nun an, daß diese spontane Verstandeshandlung nicht nur eine, sondern normalerweise mehrere Verbindungen = Erkenntnisse tätigt, muß es doch darüber hinaus noch ein letztes höheres Prinzip geben, das diesen einheitsstiftenden Verbindungen wiederum als eine Einheit zugrundeliegt, die höher einzustufen ist als die Einheit, die wir als Kategorie der Einheit schon kennen.

Nach Kant gibt es nun über der Synthesis, die eine Anschauung mit einem Begriff verbindet, noch eine höhere, eine ursprünglichere Synthesis. Da diese die Voraussetzung oder Bedingung der »normalen« Synthesis ist, und da bei Kant »transzendental« Bedingung der Möglichkeit heißt, nennt er sie die *transzendentale Einheit des Selbstbewußtseins* oder die *transzendentale Apperzeption* (lat.: ap = ad: hinzu; Perzeption = Wahrnehmung; Apperzeption wäre dann eine Art »Hinzuwahrnehmung«). Es ist die Möglichkeit des Denkens, die all meine Akte des Bewußtseins begleitet: es ist das immer vorgeschaltete »Ich denke«.

§ 15
Von der Möglichkeit einer Verbindung überhaupt

Das Mannigfaltige der Vorstellungen kann in einer Anschauung gegeben werden, die bloß sinnlich d.i. nichts als Empfänglichkeit ist, und die Form dieser Anschauung kann a priori in unserem Vorstellungsvermögen liegen, ohne doch etwas anderes, als die Art zu sein, wie das Subjekt affiziert wird. Allein die Verbindung eines Mannigfaltigen überhaupt, kann niemals durch Sinne in uns kommen, und kann also auch nicht in der reinen Form der sinnlichen Anschauung zugleich mit enthalten sein; denn sie ist ein Aktus der Spontaneität der Vorstellungskraft, und, da man diese, zum Unterschiede von der Sinnlichkeit, Verstand nennen muß, so ist alle Verbindung, wir mögen uns ihrer bewußt werden oder nicht, es mag eine Verbindung des Mannigfaltigen der Anschauung sein, eine Verstandeshandlung, die wir mit der allgemeinen Benennung *Synthesis* belegen würden, um dadurch zugleich bemerklich zu machen, daß wir uns nichts, als im Objekt verbunden, vorstellen können, ohne es vorher selbst verbunden zu haben, und unter allen Umständen die *Verbindung* die einzige ist, die nicht durch Objekte gegeben, sondern nur vom Subjekte selbst verrichtet werden kann, weil sie ein Aktus seiner Selbsttätigkeit ist. Man wird hier leicht gewahr, daß diese Handlung ursprünglich einig, und für alle Verbindung gleichgeltend sein müsse, und daß die Auflösung *Analysis*, die ihr Gegenteil zu sein scheint, sie doch jederzeit voraussetze; denn wo der Verstand vorher nichts verbunden hat, da kann er auch nichts auflösen, weil es nur *durch ihn* als verbunden der Vorstellungskraft hat gegeben werden können.

Aber der Begriff der Verbindung führt außer dem Begriffe des Mannigfaltigen, und der Synthesis desselben, noch den der Einheit desselben bei sich. Verbindung ist Vorstellung der synthetischen Einheit des Mannigfaltigen. Die Vorstellung dieser Einheit kann also nicht aus der Verbindung entstehen, sie macht vielmehr dadurch, daß sie zur Vorstellung des Mannigfaltigen hinzukommt, den Begriff der Verbindung allererst möglich. Diese Einheit, die a priori vor allen Begriffen der Verbindung vorhergeht, ist nicht etwa jene Kategorie der Einheit; denn alle Kategorien gründen sich auf logische Funktionen in Urteilen, in diesen aber ist schon Verbindung, mithin Einheit gegebener Begriffe gedacht. Die Kategorie setzt also schon Verbindung voraus. Also müssen wir diese Einheit (als qualitative) noch höher suchen, nämlich in demjenigen, was selbst den Grund der Einheit verschiedener Begriffe in Urteilen, mithin der Möglichkeit des Verstandes, sogar in seinem logischen Gebrauche, enthält.

§ 16
Von der ursprünglich-synthetischen Einheit der Apperzeption

Das: *Ich denke*, muß alle meine Vorstellungen begleiten können; denn sonst würde etwas in mir vorgestellt werden, was gar nicht gedacht werden könnte, welches eben so viel heißt, als die Vorstellung würde entweder unmöglich, oder wenigstens für mich nichts sein. Diejenige Vorstellung, die vor allem Denken gegeben sein kann, heißt *Anschauung*. Also hat alles Mannigfaltige der Anschauung eine notwendige Beziehung auf das: *Ich denke*, in demselben Subjekt, darin dieses Mannigfaltige angetroffen wird. Diese Vorstellung aber ist ein Actus der *Spontaneität*, d.i. sie kann nicht als zur Sinnlichkeit gehörig angesehen werden. Ich nenne sie die *reine Apperzeption*, um sie von der *empirischen* zu unterscheiden, oder auch die *ursprüngliche Apperzeption*, weil sie dasjenige Selbstbewußtsein ist, was, indem es die Vorstellung Ich denke hervorbringt, die alle andere muß begleiten können, und in allem Bewußtsein ein und dasselbe ist, von keiner weiter begleitet werden kann. Ich nenne auch die Einheit derselben die *transzendentale* Einheit des Selbstbewußtseins, um die Möglichkeit der Erkenntnis a priori aus ihr zu bezeichnen. Denn die mannigfaltigen Vorstellungen, die in einer gewissen Anschauung gegeben werden, würden nicht insgesamt *meine* Vorstellungen sein, wenn sie nicht insgesamt zu einem Selbstbewußtsein gehörten, d.i. als meine Vorstellungen (ob ich mich ihrer gleich nicht als solcher bewußt bin) müssen sie doch der Bedingung notwendig gemäß sein, unter der sie allein in einem allgemeinen Selbstbewußtsein zusammenstehen können, weil sie sonst nicht durchgängig mir angehören würden. Aus dieser ursprünglichen Verbindung läßt sich vieles folgern.

Nämlich diese durchgängige Identität der Apperzeption, eines in der Anschauung gegebenen Mannigfaltigen, enthält eine Synthesis der Vorstellungen, und ist nur durch das Bewußtsein dieser Synthesis möglich. Denn das empirische Bewußtsein, welches verschiedene Vorstellungen begleitet, ist an sich zerstreut, und ohne Beziehung auf die Identität des Subjekts. Diese Beziehung geschieht also dadurch noch nicht, daß ich jede Vorstellung mit Bewußtsein begleite, sondern daß ich eine zu der andern *hinzusetze* und mir der Synthesis derselben bewußt bin. Also nur dadurch, daß ich ein Mannigfaltiges gegebener Vorstellungen in *einem Bewußtsein* verbinden kann, ist es möglich, daß ich mir die *Identität des Bewußtseins in diesen Vorstellungen* selbst vorstelle, d.i. die *analytische* Einheit der Apperzeption ist nur unter der Voraussetzung irgend einer *synthetischen* möglich. (B 129 ff.)

Wollen wir zum Schluß dieses Gedankenschrittes das Selbstbewußtsein, welches die Vorstellung des »Ich denke« hervorbringt, so verdeutlichen: Wenn ich beispielsweise weiß, daß ein Körper schwer ist, nennt man dies das Bewußtsein von der Schwere des Körpers. Darüber hinaus weiß ich aber auch, daß ich dies weiß, d.h. ich weiß um dieses Bewußtsein; dieses Wissen um das Bewußtsein ist die höhere Form des Bewußtseins, das als ständiges »Ich denke« alles Denken begleitet, ja sogar begleiten muß.

Durch das ständige Eingeschaltetsein dieses »Ich denke« wird die Grundlage für die Möglichkeit von Objektivität geschaffen, so wie Kant sie versteht. Den Begriff von Objektivität, den wir im täglichen Sprachgebrauch besitzen, müssen wir für einen Moment vergessen. So merkwürdig es klingt:

Das subjektive »Ich denke«, oder genauer: das notwendige subjektive »Ich denke« ist die objektive Bedingung für das Erkennen von Gegenständen/Objekten.

Denn das erkannte Objekt ist nichts anderes als das Produkt der einigenden Tätigkeit des »Ich denke«, das sich der reinen Denkformen, der Kategorien, bedient, ja sogar ihnen noch vorgeschaltet ist.

Zur Absicherung dieses Gedankens lesen wir dies bei Kant selbst.

Verstand ist, allgemein zu reden, das Vermögen der *Erkenntnisse*. Diese bestehen in der bestimmten Beziehung gegebener Vorstellungen auf ein Objekt. *Objekt* aber ist das, in dessen Begriff das Mannigfaltige einer gegebenen Anschauung *vereinigt* ist. Nun erfordert aber alle Vereinigung der Vorstellungen Einheit des Bewußtseins in der Synthesis derselben. Folglich ist die Einheit des Bewußtseins dasjenige, was allein die Beziehung der Vorstellungen auf einen Gegenstand, mithin ihre objektive Gültigkeit, folglich, daß sie Erkenntnisse werden, ausmacht, und worauf folglich selbst die Möglichkeit des Verstandes beruht.

Das erste reine Verstandeserkenntnis also, worauf sein ganzer übriger Gebrauch sich gründet, welches auch zugleich von allen Bedingungen der sinnlichen Anschauung ganz unabhängig ist, ist nun der Grundsatz der ursprünglichen *synthetischen Einheit* der Apperzeption. So ist die bloße Form der äußeren sinnlichen Anschauung, der Raum, noch gar keine Erkenntnis; er gibt nur das Mannigfaltige der Anschauung a priori zu einem möglichen Erkenntnis. Um aber irgend etwas im Raume zu erkennen, z.B. eine Linie, muß ich sie ziehen, und also eine bestimmte Verbindung des gegebenen Mannigfaltigen synthetisch zu Stande bringen, so, daß die Einheit dieser Handlung zugleich die Einheit des Bewußtseins (im Begriffe einer Linie) ist, und dadurch allererst ein Objekt (ein bestimmter Raum) erkannt wird. Die synthetische Einheit des Bewußtseins ist also eine objektive Bedingung aller Erkenntnis, nicht deren ich bloß selbst bedarf, um ein Objekt zu erkennen, sondern unter der jede Anschauung stehen muß, um *für mich Objekt zu werden*, weil auf andere Art, und ohne diese Synthesis, das Mannigfaltige sich nicht in einem Bewußtsein vereinigen würde.

Dieser letztere Satz ist, wie gesagt, selbst analytisch, ob er zwar die synthetische Einheit zur Bedingung alles Denkens macht; denn er sagt nichts weiter, als, daß alle meine Vorstellungen in irgendeiner gegebenen Anschauung unter der Bedingung stehen müsse, unter der ich sie allein als *meine* Vorstellungen zu dem identischen Selbst rechnen, und also, als in einer Apperzeption synthetisch verbunden, durch den allgemeinen Ausdruck *Ich denke* zusammenfassen kann. (B 137 f.)

Somit haben Subjektivität und Objektivität dieselbe Wurzel: das transzendentale Selbstbewußtsein.

Daß Objektivität und Subjektivität so nahe bei einander liegen, mutet den Leser vielleicht auf den ersten Blick merkwürdig an. Der heutige Mensch ist es gewohnt, beide Begriffe als absolutes Gegensatzpaar zu sehen.

Dem ist aber nicht so. Daß Objektivität und Subjektivität nicht ganz auseinander liegen, hat nicht nur Kant gesehen. Auch der philosophisch nicht so geschulte Leser kann dies nachvollziehen:

Selbst derjenige, der das Wörtchen »objektiv« als etwas eindeutig Feststehendes versteht, muß zugeben, daß dieses angeblich Eindeutige zuerst einmal nur für den subjektiven Betrachter etwas Feststehendes ist. Sogar der Paragraph im Strafgesetzbuch, der beispielsweise beschreibt, was Mord ist, muß seine angebliche objektive Gültigkeit durch die subjektive Beurteilung von Richter, Staatsanwalt und Geschworene in Frage stellen lassen.

Zweiter Schritt: (ab § 22, B 146 ff.)

Dieser Schritt ist nicht so wichtig wie der erste. Wer sich eben schwer getan hat, soll ihn überblättern und zum Schluß des Kapitels übergehen, der eine Zusammenfassung bringt und mit drei Sternen (***) gekennzeichnet ist.

Außerdem sind sich die Gelehrten über den zweiten Beweisschritt der transzendentalen Deduktion nicht recht einig. Bringt Kant ab § 22 etwas Neues oder nicht? Wir brauchen uns in den Streit nicht einmischen und uns unnötig damit belasten. Jedenfalls fällt auf, daß hier eine Grenze für die Kategorien gezogen wird: mehr als die Anwendung auf Gegenstände der Erfahrung können diese Kategorien nicht bringen, zum *Ding an sich* stoßen auch sie nicht vor.

Selbst der Hinweis auf die Mathematik sei kein Gegenargument, meint Kant. Natürlich würden auch in der Mathematik Kategorien verwendet. Aber trotzdem seien mathematische Begriffe, obzwar sie apriorische Erkenntnisse sind, keine Erkenntnisse, die eine Anwendung auf empirische Anschauungen ermöglichen, d.h. zu einer möglichen Erfahrung werden können.

§ 22
Die Kategorie hat keinen andern Gebrauch zum Erkenntnisse der Dinge, als ihre Anwendung auf Gegenstände der Erfahrung

Sich einen Gegenstand *denken*, und einen Gegenstand *erkennen*, ist also nicht einerlei. Zum Erkenntnisse gehören nämlich zwei Stücke: erstlich der Begriff, dadurch überhaupt ein Gegenstand gedacht wird (die Kategorie), und zweitens die Anschauung, dadurch er gegeben wird; denn, könnte dem Begriffe eine korrespondierende Anschauung gar nicht gegeben werden, so wäre er ein Gedanke der Form nach, aber ohne allen Gegenstand, und durch ihn gar keine Erkenntnis von irgend einem Dinge möglich; weil es, so viel ich wüßte, nichts gäbe, noch geben könnte, worauf mein Gedanke angewandt werden könne. Nun ist alle uns mögliche Anschauung sinnlich (Ästhetik), also kann das Denken eines Gegenstandes überhaupt durch einen reinen Verstandesbegriff bei uns nur Erkenntnis werden, so fern dieser auf Gegenstände der Sinne bezogen wird. Sinnliche Anschauung ist entweder reine Anschauung (Raum und Zeit) oder empirische Anschauung desjenigen, was im Raum und der Zeit unmittelbar als wirklich, durch Empfindung, vorgestellt wird. Durch Bestimmung der ersteren können wir Erkenntnisse a priori von Gegenständen (in der Mathematik) bekommen, aber nur ihrer Form nach, als Erscheinungen; ob es Dinge geben könne, die in dieser Form angeschaut werden müssen, bleibt doch dabei noch unausgemacht. Folglich sind alle mathematischen Begriffe für sich nicht Erkenntnisse; außer, so fern man voraussetzt, daß es Dinge gibt, die sich nur der Form jener reinen sinnlichen Anschauung gemäß uns darstellen lassen. *Dinge im Raum* und der Zeit werden aber nur gegeben, so fern sie Wahrnehmungen (mit Empfindung begleitete Vorstellungen) sind, mithin durch empirische Vorstellung. Folglich verschaffen die reinen Verstandesbegriffe, selbst wenn sie auf Anschauungen a priori (wie in der Mathematik) angewandt werden, nur so fern Erkenntnis, als diese, mithin auch die Verstandesbegriffe vermittelst ihrer, auf empirische Anschauungen angewandt werden können. Folglich liefern uns die Kategorien vermittelst der Anschauung auch keine Erkenntnis von Dingen, als nur durch ihre mögliche Anwendung auf *empirische Anschauung* , d.i. sie dienen nur zur Möglichkeit *empirischer Erkenntnis*. Diese aber heißt *Erfahrung*. Folglich haben die Kategorien keinen anderen Gebrauch zum Erkenntnisse der Dinge, als nur so fern diese als Gegenstände möglicher Erfahrung angenommen werden.

Der obige Satz ist von der größten Wichtigkeit; denn er bestimmt eben sowohl die Grenzen des Gebrauchs der reinen Verstandesbegriffe in Ansehung der Gegenstände, als die transzendentale Ästhetik die Grenzen des Gebrauchs der reinen Form unserer sinnlichen Anschauung bestimmte. Raum und Zeit gelten, als Bedingungen der Möglichkeit, wie uns Gegenstände gegeben werden können, nicht weiter, als für Gegenstände der Sinne, mithin nur der Erfahrung. Über diese Grenzen hinaus stellen sie gar nichts vor; denn sie sind nur in den Sinnen und haben außer ihnen keine Wirklichkeit. Die reinen Verstandesbegriffe sind von dieser Einschränkung frei, und erstrecken sich auf Gegenstände der Anschauung überhaupt, sie mag der unsrigen ähnlich sein oder nicht, wenn sie nur sinnlich und nicht intellektuell ist. Diese weitere Ausdehnung der Begriffe, über *unsere* sinnliche Anschauung hinaus, hilft uns aber zu nichts. Denn es sind alsdenn leere Begriffe von Objekten, von denen, ob sie nur einmal möglich sind oder nicht, wir durch jene gar nicht urteilen können, bloße Gedankenformen ohne objektive Realität, weil wir keine Anschauung zur Hand haben, auf welche die synthetische Einheit der Apperzeption, die jene allein enthalten, angewandt werden, und sie so einen Gegenstand bestimmen könnten. *Unsere* sinnliche und empirische Anschauung kann ihnen allein Sinn und Bedeutung verschaffen. (B 146 ff.)

Die Wichtigkeit, die Kant diesem Anwendungsort seiner Kopernikanischen Wende zubilligt, wird nochmals unterstrichen mit dem Hinweis, daß Kategorien als reine Denkformen nicht nur a priori die Gegenstände, sondern vor allem auch die Gesetzlichkeiten der Gegenstände in der Erfahrung bestimmen; es gilt festzuhalten:

*Gesetze existieren nicht in den Erscheinungen,
sondern nur in deren Bezug auf das Subjekt.*

∗∗∗

Das war es, das Herzstück, die Seele von Kants *Kritik
der reinen Vernunft*, die zum Schluß dieses schwierigen Kapitels von Kant nochmals für wert befunden
wird, zusammengefaßt zu werden.

Kurzer Begriff dieser Deduktion

Sie ist die Darstellung der reinen Verstandesbegriffe (und
mit ihnen aller theoretischen Erkenntnis a priori) als Prinzipien der Möglichkeit der Erfahrung, dieser aber, als Bestimmung der Erscheinungen in Raum und Zeit *überhaupt*, – endlich dieser aus dem Prinzip der *ursprünglichen* synthetischen Einheit der Apperzeption, als der
Form des Verstandes in Beziehung auf Raum und Zeit, als
ursprüngliche Formen der Sinnlichkeit. (B 169)

Das Kupplungsstück der Erkenntnis
oder
Der Schematismus

Es scheint so, daß das Erkenntnisvermögen des Menschen nach Abschluß der transzendentalen Deduktion vollständig abgehandelt ist. Bis jetzt wurden
– die apriorischen Prinzipien Raum und Zeit in der sinnlichen Wahrnehmung herausgearbeitet,
– dann die Kategorien als Ordnungsfaktoren im Denken gefunden,
– und schließlich in der transzendentalen Deduktion das Problem des wechselseitigen Bezuges von Ding an sich und Erscheinung betrachtet.

Damit scheint die Untersuchung über die menschliche Erkenntnis abgeschlossen zu sein.

Dem ist aber nicht so. Kant läßt der transzendentalen Analytik noch ein zweites Buch folgen, die Analytik der Grundsätze, die in der Lehre vom transzendentalen Schematismus gipfelt. Die Bewertung der Notwendigkeit dieses zweiten Buches schwankt: Manche Interpreten halten es für dunkel, verworren oder gar überflüssig, mancher hält es für das Tiefste und Interessanteste, was Kant zu bieten hat. Wir mischen uns in diesen Streit nicht ein, sondern halten uns an Kant selbst, der an anderer Stelle den Schematismus als wichtig und unentbehrlich bezeichnet.

Kant stellt nun in der Analytik der Grundsätze fest, daß sinnliches Wahrnehmen und das vom Verstand geleistete stempelartige Hineinprägen der Kategorien in das sinnliche Rohmaterial noch nicht ausreichen, um den Prozeß des Erkennens zu erklären. Er führt ein drittes Erkenntnisvermögen ein, die *transzendentale Urteilskraft*, die er mit folgenden Worten erklärt:

Wenn der Verstand überhaupt als das Vermögen der Regeln erklärt wird, so ist die Urteilskraft das Vermögen unter Regeln zu subsumieren, d.i. zu unterscheiden, ob etwas unter einer gegebenen Regel stehe, oder nicht. (B 171)

Mit der Betrachtung des Fremdwortes subsumieren wollen wir gleichzeitig das gerade Gelesene erklären. Etwas subsumieren heißt, etwas dem Allgemeinen unterordnen. Beispiel: Ich gehe in ein Möbelhaus und sehe eine graue Marmorplatte mit vier kurzen Beinen. Wenn ich nun den Begriff Couch-Tisch formuliere, ist dies zwar auch das Produkt meines Verstandes, aber jetzt das Produkt meiner Urteilskraft, weil ich fähig bin, den gesehenen Gegenstand unter den Allgemeinbegriff Tisch unterzuordnen oder zu subsumieren.

Es geht also nicht nur darum, mittels des Verstandes Begriffe oder Regeln zu formulieren, sondern sie mittels der Urteilskraft auf die sinnlichen Eindrücke anzuwenden. Wenn diese Urteilskraft nicht da ist, ist dies ein Fall von Dummheit, meint Kant (B 172 Anm.*). Von seinen Beispielen des Arztes, Richters und Politikers eignet sich das Arzt-Beispiel am besten: Wer mit seinem Verstand eine medizinische Regel im Studium erlernt hat, muß sie als Arzt mittels der Urteilskraft auch in einem individuellen Krankheitsfall anwenden können.

Jetzt wissen wir zwar, was die Subsumption der Urteilskraft ist, aber wir wissen noch nicht, wie die Subsumption der transzendentalen Urteilskraft geht und wozu sie da ist. Zur Erleichterung der kommenden Lektüre die Antwort in Kurzform vorweg:

Die transzendentale Urteilskraft soll die Bedingungen angeben, unter denen die Kategorien auf sinnliche Anschauungen angewendet werden können. Anders: es soll die Frage beantwortet werden, woher der Verstand weiß, welche der zwölf Kategorien er anwenden soll, um das Rohmaterial der ungeordneten Sinneseindrücke zu ordnen.

Von dem Schematismus der reinen Verstandesbegriffe

In allen Subsumtionen eines Gegenstandes unter einen Begriff muß die Vorstellung des ersteren mit dem letzteren *gleichartig* sein, d.i. der Begriff muß dasjenige enthalten, was in dem darunter zu subsumierenden Gegenstande vorgestellt wird, denn das bedeutet eben der Ausdruck: ein Gegenstand sei *unter* einem Begriffe enthalten. So hat der empirische Begriff eines *Tellers* mit dem reinen geometrischen eines *Zirkels* Gleichartigkeit, indem die Rundung, die in dem ersteren gedacht wird, sich im letzteren anschauen läßt.

Nun sind aber reine Verstandesbegriffe, in Vergleichung mit empirischen (ja überhaupt sinnlichen) Anschauungen, ganz ungleichartig, und können niemals in irgend einer Anschauung angetroffen werden. Wie ist nun die *Subsumtion* der letzteren unter die erste, mithin die *Anwendung* der Kategorie auf Erscheinungen möglich, da doch niemand sagen wird: diese, z.B. die Kausalität, könne auch durch Sinne angeschauet werden und sei in der Erscheinung enthalten? Diese so natürliche und erhebliche Frage ist nun eigentlich die Ursache, welche eine transzendentale Doktrin der Urteilskraft notwendig macht, um nämlich die Möglichkeit zu zeigen, wie *reine Verstandesbegriffe* auf Erscheinungen überhaupt angewandt werden können. In allen anderen Wissenschaften, wo die Begriffe, durch die der Gegenstand allgemein gedacht wird, von denen, die diesen in concreto vorstellen, wie er gegeben wird, nicht so unterschieden und heterogen sind, ist es unnötig, wegen der Anwendung des ersteren auf den letzten besondere Erörterung zu geben.

Nun ist klar, daß es ein drittes geben müsse, was einerseits mit der Kategorie, andererseits mit der Erscheinung in Gleichartigkeit stehen muß, und die Anwendung der ersteren auf die letzte möglich macht. Diese vermittelnde Vorstellung muß rein (ohne alles Empirische) und doch einerseits *intellektuell*, andererseits sinnlich sein. Eine solche ist das *transzendentale* Schema. (B 176 f.)

Wir haben es gerade gelesen, es ist das transzendentale Schema, das wie ein Kupplungsstück zwischen Wahrnehmung und Denken liegt, oder anders ausgedrückt, das die Anwendung der Begrifflichkeit auf die Nichtbegrifflichkeit (und umgekehrt) ermöglicht.

Ein Schema (griech.: Form, Figur, Gestalt) darf nicht mit einem Bild gleichgesetzt werden. Das Bild des Couch-Tisches aus Marmor zeigt eben nur das Aussehen des einen Möbelstückes in dem einen Möbel-Haus. Es zeigt aber nicht das, was es ermöglicht, in einem Eßtisch, Schreibtisch, Nachttisch oder Beistelltisch das »Schema« des Tisches allgemein zu erkennen.

Kants eigene Beispiele von dem Triangel (=Dreieck) und dem Hund verdeutlichen dies auf verständliche Weise:

In der Tat liegen unseren reinen sinnlichen Begriffen nicht Bilder der Gegenstände, sondern Schemata zum Grunde. Dem Begriffe von einem Triangel überhaupt würde gar kein Bild desselben jemals adäquat sein. Denn es würde die Allgemeinheit des Begriffs nicht erreichen, welche macht, daß dieser für alle, recht- oder schiefwinklige etc. gilt, sondern immer nur auf einen Teil dieser Sphäre eingeschränkt sein. Das Schema des Triangels kann niemals anderswo als in Gedanken existieren, und bedeutet eine Regel der Synthesis der Einbildungskraft, in Ansehung reiner Gestalten im Raume. Noch viel weniger erreicht ein Gegenstand der Erfahrung oder Bild desselben jemals den empirischen Begriff, sondern dieser bezieht sich jederzeit unmittelbar auf das Schema der Einbildungskraft, als eine Regel der Bestimmung unserer Anschauung, gemäß einem gewissen allgemeinen Begriffe. Der Begriff vom Hunde bedeutet eine Regel, nach welcher meine Einbildungskraft die Gestalt eines vierfüßigen Tieres allgemein verzeichnen kann, ohne auf irgend eine einzige besondere Gestalt, die mir die Erfahrung darbietet, oder auch ein jedes mögliche Bild, was ich in concreto darstellen kann, eingeschränkt zu sein. Dieser Schematismus unseres Verstandes, in Ansehung der Erscheinungen und ihrer bloßen Form, ist eine verborgene Kunst in den Tiefen der menschlichen Seele, deren wahre Handgriffe wir der Natur schwerlich jemals abraten, und sie unverdeckt vor Augen legen werden. Soviel können wir nur sagen: das Bild ist ein Produkt des empirischen Vermögens der produktiven Einbildungskraft, das Schema sinnlicher Begriffe (als der Figuren im Raume) ein Produkt und gleichsam ein Monogramm der reinen Einbildungskraft a priori, wodurch und wonach die Bilder allererst möglich werden, die aber mit dem Begriffe nur immer vermittelst des Schema, welches sie bezeichnen, verknüpft werden müssen, und an sich demselben nicht völlig kongruieren. (B 180 f.)

An dieser Stelle müssen wir die am Anfang des Kapitels gestellte Frage wieder aufgreifen, warum unser Erkenntnisvermögen mit dem Aufzeigen von Sinneswahrnehmung und kategorialem Denken nicht vollständig abgehandelt ist. Die Antwort ist, daß nach der sinnlichen Wahrnehmung die Kategorien allein nur bloße Denkfunktionen des Verstandes sind, um Begriffe zu produzieren. Diese Begriffe sind aber nur mögliche Begriffe. Wenn aber Wirklichkeit erfaßt werden soll, darf der Verstand nicht wahllos in phantastischen Begriffen herumstreunen, sondern er muß den richtigen Begriff treffen. Zu diesem Zweck gehören die Kategorien schematisiert. Dieser Akt der

Begriffsbildung sei ein »poetischer Akt«, schwärmt A. Gulyga in seinem Kant-Buch.

Die knifflige Frage, wie transzendentale Schemata als reine Begriffe zugleich auch sinnlich sein können, löst Kant auf eine sehr schöne und tiefsinnige Weise. Er zieht aus der transzendentalen Ästhetik etwas heran, das zugleich zur sinnlichen Anschauung gehört und zugleich auch eine reine apriorische Form dieser sinnlichen Anschauung ist; wir kennen diese Anschauungsform bereits, es ist die Zeit.

Der »Mechanismus«, der zwischen Sinnlichkeit und Verstand vermittelt, ist die Zeit. Als Zeitreihe gehört die Zeit sowohl zu den Anschauungen als auch zu den Begriffen. *Die Zeit liegt dem Schema zugrunde.*

Kant sieht, wie die Zeit in einer vierfachen Art bestimmt werden kann, in einer quantitativen, in einer qualitativen, in einer relativen und in einer modalen Art. Der aufmerksame Leser wird diese Einteilung schon kennen, sie ist nichts anderes als die vierfache Aufteilung der Kategorien in Quantität, Qualität, Relation und Modalität.

In dieser vierfachen Zeitbestimmung findet Kant die transzendentalen Schemata zu den Kategorien, die wir jetzt (entsprechend B 185) auflisten wollen.

Kategorie	Entsprechendes Schema = Zeitbestimmung a priori
1. Quantität:	Zeitreihe
2. Qualität:	Zeitinhalt
3. Relation:	Zeitordnung
4. Modalität:	Zeitinbegriff (Zeitbegriff)

Kant gibt nun zu jeder der vier Kategorien, die ja bekanntlich jeweils dreifach untergegliedert sind, Erläuterungen, die recht knapp ausfallen. Wir wählen die jeweils prägnanteste aus diesen vier mal drei Erläuterungen aus.

1. Quantität: (Größe)

Das zur Quantität passende Schema ist die Zahl, und zwar verstanden als gezählte Zeit: Geschehnisse können in ihrem Aufeinanderfolgen gezählt werden. Deshalb erfolgt die Schematisierung durch die Zeitreihe.

2. Qualität: (Realität)

Realität ist dann gegeben, wenn »ein Begriff an sich selbst ein Sein (in der Zeit) anzeigt«, im Gegensatz zur Negation, wenn »ein Begriff ein Nichtsein (in der Zeit) anzeigt«. (B 182) Die Schematisierung erfolgt durch den Zeitinhalt. Der Inhalt meiner Erkenntnis (z.B. daß der Kölner Dom hoch ist) erfolgt in der Zeit.

3. Relation: (Kausalität)

Kausalität ist dann gegeben, wenn die Abfolge von mannigfaltigen Ereignissen einer Regel unterworfen ist: die Butter schmilzt bei Wärmeeinwirkung. Deshalb erfolgt die Schematisierung durch die Zeitordnung.

4. Modalität: (Notwendigkeit)

»Das Schema der Notwendigkeit ist das Dasein eines Gegenstandes zu aller Zeit« (B 184): der »Gegenstand« des Todes für den Menschen ist zu jeder Zeit gegeben. Die Schematisierung erfolgt dadurch, daß auch die Notwendigkeit meines Todes sich nicht vom Zeitbegriff loslösen kann.

Mit diesen Ausführungen schließen wir die Lehre vom Schematismus ab. Der Verstand weiß nun, welche der zwölf Kategorien er anwenden soll, um das sinnliche Material zu ordnen.

Aus dieser Anwendung der Kategorien mittels der Zeitschemata ergeben sich nun bestimmte Folgen für die Erkenntnis, die Kant in einem zweiten Teil der Analytik der Grundsätze als »Grundsätze des reinen Verstandes« folgen läßt. Diese Grundsätze gehen den Kategorien nicht voraus wie die Zeitschemata, sondern folgen aus ihnen. Mancher Interpret wie Otfried Höffe kann nicht genug schwärmen von der Bedeutung dieses Kapitels, ein anderer wie Johannes Hirschberger sieht sie von Kant »gequält« aus der bekannten Urteilstafel abgeleitet. Wir meinen, als Anfänger der Philosophie kann man sich getrost die bequemere Sicht zu eigen machen und es überspringen: die »Grundsätze des reinen Verstandes« sind der Sache nach kaum etwas anderes als eine Auslegung dessen, was wir als die Angabe der Bedingung der Möglichkeit von Erfahrung schon kennen.

Deshalb kann Kant auch sagen: »Die Bedingungen der Möglichkeiten der Erfahrung überhaupt sind zugleich Bedingungen der Möglichkeit der Gegenstände der Erfahrung ...« (B 197) Damit wird die Kernaussage der Kopernikanischen Wende bekräftigt, daß sich nicht die Erkenntnis nach den Gegenständen, sondern die Gegenstände nach der Erkenntnis richten. Und wie Erkenntnis mit sinnlicher Anschauung, Denken in Begriffen, kategorialer Anwendung und Schematisierung möglich ist, sollten wir jetzt verstanden haben.

Teil 2

Eine kurze Rast: Die Insel im Meer
oder
An der Nahtstelle zwischen Verstand und Vernunft

Wir nähern uns der Nahtstelle zwischen transzendentaler Analytik (ihr Thema war der Verstand) und der transzendentalen Dialektik (ihr Thema wird die Vernunft sein). Von dieser Nahtstelle ab müssen wir zwischen Verstand und Vernunft streng unterscheiden. Da wir die Analytik fast geschafft haben, gönnen wir uns eine kurze, wahrlich verdiente Rast.

Auch Kant tut das, denn er blickt zurück und zeichnet mit bunten Farben ein Bild, das inmitten der trockenen Kritik der reinen Vernunft ebenso selten wie schön ist. Wir müssen es einfach betrachten.

Von dem Grunde der Unterscheidung aller Gegenstände überhaupt in Phaenomena und Noumena

Wir haben jetzt das Land des reinen Verstandes nicht allein durchreist, und jeden Teil davon sorgfältig in Augenschein genommen, sondern es auch durchmessen, und jedem Dinge auf demselben seine Stelle bestimmt. Dieses Land aber ist eine Insel, und durch die Natur selbst in unveränderliche Grenzen eingeschlossen. Es ist das Land der Wahrheit (ein reizender Name), umgeben von einem weiten und stürmischen Ozeane, dem eigentlichen Sitze des Scheins, wo manche Nebelbank, und manches bald wegschmelzende Eis neue Länder lügt, und indem es den auf Entdeckungen herumschwärmenden Seefahrer unaufhörlich mit leeren Hoffnungen täuscht, ihn in Abenteuer verflechtet, von denen er niemals ablassen, und sie doch auch niemals zu Ende bringen kann. Ehe wir uns aber auf dieses Meer wagen, um es nach allen Breiten zu durchsuchen, und gewiß zu werden, ob etwas in ihnen zu hoffen sei, so wird es nützlich sein, zuvor noch einen Blick auf die Karte des Landes zu werfen, das wir eben verlassen wollen, und erstlich zu fragen, ob wir mit dem, was es in sich enthält, nicht allenfalls zufrieden sein könnten, oder auch aus Not zufrieden sein müssen, wenn es sonst überall keinen Boden gibt, auf dem wir uns anbauen könnten; zweitens, unter welchem Titel wir denn selbst dieses Land besitzen, und uns wider alle feindseligen Ansprüche gesichert halten können. Obschon wir diese Fragen in dem Lauf der Analytik schon hinreichend beantwortet haben, so kann doch ein summarischer Überschlag ihrer Auflösungen die Überzeugung dadurch verstärken, daß er die Momente derselben in einem Punkt vereinigt. (B 294 f.)

In seinem Bild sagt uns Kant, daß unser Verstand nur die Insel, die empirischen Dinge, erkennen kann, dort ist er sicher. Aber er kann sie nicht verlassen. Die Vermessung der Insel hat ergeben, daß wir unsere Meßinstrumente (sinnliche Wahrnehmung, Kategorien und Schemata) nur anwenden können, um die Erscheinungen auf der Insel zu erkennen. Mit diesem Gebrauch hat der Verstand schon seine Grenze erreicht, die er nicht überschreiten kann. Einen darüber hinausgehenden Gebrauch haben die Vermessungsinstrumente nicht, d.h. sie taugen nicht für die Erforschung der Nebelbänke und der schmelzenden Eisflächen, die im Ozean des Scheins treiben.

Kant benennt Insel und Ozean mit zwei Namen, die noch für seine praktische Philosophie in ihrer Wichtigkeit bestehen bleiben. Die Insel ist unsere Welt des *Phaenomenon* (übersetzt: das Erscheinende), der Ozean ist die Welt des Dinges an sich oder des *Noumenon* (übersetzt: das Gedachte). Dieses Noumenon kann, ja muß sogar gedacht werden, erkannt werden kann es aber nicht.

Kant gibt dem Noumenon noch eine weitere Bezeichnung:

Der Begriff eines Noumenon ist also bloß ein Grenzbegriff, um die Anmaßung der Sinnlichkeit einzuschränken, und also nur von negativem Gebrauche. Er ist aber gleichwohl nicht willkürlich erdichtet, sondern hängt mit der Einschränkung der Sinnlichkeit zusammen, ohne doch etwas Positives außer dem Umfange derselben setzen zu können. (B 311)

Was hier »Anmaßung der Sinnlichkeit« heißt, ist nichts weiter, als daß Kant den Verstand noch einmal in seine Schranken weist: obwohl es der Verstand ist, der die Erscheinungen und ihre Gesetzmäßigkeiten hervorbringt und ihnen eine Objektivität verleiht, verdanken die Erscheinungen sich noch etwas anderem, das über die Tätigkeit unseres Verstandes hinausgeht: es ist das nicht erkennbare Ding an sich, es ist das nicht verfügbare Noumenon.

Die Reise an den Rand
des Horizonts

oder

Die transzendentale Dialektik (Erstes Buch)

Es ist Zeit für den Aufbruch. Aufbruch von der Insel des Verstandes, auf der bereits alles vermessen ist, in das Land der Vernunft. Es ist eine Reise ins Ungewisse, wo Nebelbänke und trügerische Bilder von Ländern lauern und den Seefahrer mit leeren Hoffnungen täuschen. Wir haben im vorhergehenden Kapitel gelesen, wie Kant dieses Meer nennt. Er nennt es den eigentlichen Sitz des Scheins.

1. Der Schein

Es klingt seltsam, aber doch ist es so: bei dem Schein handelt es sich um den Bereich der Vernunft. Kant ist nicht der erste, der seinen Fuß auf den vermeintlich neuen Kontinent hinter den Nebelbänken setzt, aber er ist der erste, der erkennt, daß er nicht auf festem Lande steht, sondern auf einer treibenden Eisscholle. Die Forscher, die vor ihm da waren, das sind für Kant die Vertreter der herkömmlichen Metaphysik. Diese meinten in ihrer Überheblichkeit, sicheren Boden unter ihren Füßen zu haben mit den drei klassischen Themen der Metaphysik, welche da sind Mensch, Welt und Gott.

Kant kommt zu der neuen Einsicht (und hier wollen wir unsere blumige Bildersprache verlassen), daß die überlieferte Metaphysik mit ihrem Versuch scheitert, eine Welt jenseits aller Erscheinungen als eine Welt des wahrhaft Seienden zu erkennen. Was bisher als fundiertes Sein galt, ist in Wirklichkeit Schein, der

*immer dann entsteht, wenn die Grenzen der Sinnlich-
keit überschritten werden.*

Mit dieser Einsicht ist Kant genau dort, wo er am
Anfang seiner ›Kritik der reinen Vernunft‹ eingesetzt
hat. Der Schein ist es, der zu den endlosen Streitigkeiten auf dem Kampfplatz der Metaphysik führt, wo die
Vernunft ihre eigentlichen Fragen nicht beantworten,
aber auch nicht abweisen kann.

Dieser Schein, bekräftigt Kant, ist eine unvermeidliche Illusion der Vernunft, die nicht beseitigt werden
kann. Kant grenzt ihn ab vom empirischen Schein,
z.B. vom optischen Schein: ein Stab, ins Wasser gehal-
ten, erscheint gebrochen. Ein solcher Schein kann beseitigt werden. Ein weiterer Schein kann vermieden
werden, der logische Schein. Sage ich beispielsweise:
Weil es wärmer wird, ziehe ich mich wärmer an, kann
ich den Schein durch ein wenig Nachdenken beseiti-
gen.

Der Schein aber, der nicht beseitigt werden kann,
heißt bei Kant der *transzendentale Schein*.

Eine *Illusion*, die gar nicht zu vermeiden ist, so wenig als
wir es vermeiden können, daß uns das Meer in der Mitte
nicht höher scheine, wie an dem Ufer, weil wir jene durch
höhere Lichtstrahlen als diese sehen, oder, noch mehr, so
wenig selbst der Astronom verhindern kann, daß ihm der
Mond im Aufgange nicht größer scheine, ob er gleich
durch diesen Schein nicht betrogen wird.

Die transzendentale Dialektik wird also sich damit begnügen, den Schein transzendenter Urteile aufzudecken,
und zugleich zu verhüten, daß er nicht betrüge; daß er
aber auch (wie der logische Schein) sogar verschwinde,
und ein Schein zu sein aufhöre, das kann sie niemals be-
werkstelligen. Denn wir haben es mit einer *natürlichen*
und unvermeidlichen *Illusion* zu tun, die selbst auf subjektiven Grundsätzen beruht, und sie als objektive unter-
schiebt, anstatt daß die logische Dialektik in Auflösung

der Trugschlüsse es nur mit einem Fehler, in Befolgung der Grundsätze, oder mit einem gekünstelten Scheine, in Nachahmung derselben zu tun hat. Es gibt also eine natürliche und unvermeidliche Dialektik der reinen Vernunft, nicht eine, in die sich etwa ein Stümper, durch Mangel an Kenntnissen, selbst verwickelt, oder die irgend ein Sophist, um vernünftige Leute zu verwirren, künstlich ersonnen hat, sondern die der menschlichen Vernunft unhintertreiblich anhängt, und selbst, nachdem wir ihr Blendwerk aufgedeckt haben, dennoch nicht aufhören wird, ihr vorzugaukeln, und sie unablässig in augenblickliche Verirrungen zu stoßen, die jederzeit gehoben zu werden bedürfen. (B 354)

2. Die Vernunft

Der transzendentale Schein gehört unauflöslich zur Vernunft. Die Vernunft – sie ist das Thema der transzendentalen Dialektik. Was Verstand heißt, wissen wir. Aber was bedeutet nach Kant Vernunft? Er erklärt es recht bündig:

Wir erklärten...den Verstand durch das Vermögen der Regeln; hier unterscheiden wir die Vernunft von demselben dadurch, daß wir sie das *Vermögen der Prinzipien* nennen wollen. (B 356)

Nachdem jede Erkenntnis bei der Sinneswahrnehmung einsetzt, ordnet der Verstand bekanntlich diese Wahrnehmungen in Form von Begriffen zu einer Einheit. Aufgabe der Vernunft als eine »oberste Erkenntniskraft« ist es nun, das alles noch einmal »zu bearbeiten und unter die höchste Einheit des Denkens zu bringen«. (B 355)

Wir nehmen Kants eigenes Beispiel, um zu demonstrieren, wie die Vernunft »arbeitet«:

Die Funktion der Vernunft bei ihren Schlüssen bestand in der Allgemeinheit der Erkenntnis nach Begriffen, und der Vernunftschluß selbst ist ein Urteil, welches a priori in dem ganzen Umfange seiner Bedingung bestimmt wird. Den Satz: Cajus ist sterblich, könnte ich auch bloß durch den Verstand aus der Erfahrung schöpfen. Allein ich suche einen Begriff, der die Bedingung enthält, unter welcher das Prädikat (Assertion überhaupt) dieses Urteils gegeben wird (d.i. hier den Begriff des Menschen); und nachdem ich unter diese Bedingung, in ihrem ganzen Umfange genommen (alle Menschen sind sterblich), subsumiert habe: so bestimme ich darnach die Erkenntnis meines Gegenstandes (Cajus ist sterblich). (B 378)

Wir halten fest: Die Vernunft macht mit dem Verstand dasselbe, was der Verstand mit den Anschauungen macht. Während der Verstand die Mannigfaltigkeit der Anschauungen durch Begriffe ordnet, ordnet die Vernunft die Mannigfaltigkeit der Regeln des Verstandes. Oder, um mit Kants Worten zu reden:

In der Tat ist Mannigfaltigkeit der Regeln und Einheit der Prinzipien eine Forderung der Vernunft, um den Verstand mit sich selbst in durchgängigen Zusammenhang zu bringen ... (B 362)

3. Der Aufbruch zum Unbedingten

Es wäre höchst verwunderlich, wenn die Vernunft sich begnügen würde mit der Funktion eines quasi technischen Instrumentes für mehr oder weniger intelligente Schlüsse. Sie ist nicht zufrieden damit, nur mit der Untersuchung von Bedingungen oder Bedingtheiten beschäftigt zu sein. Diese Unzufriedenheit veranlaßt sie, ihrem eigentlichen Interesse nachzugehen, nämlich *zum Unbedingten vorzustoßen.*

Das Unbedingte. Wir können auch sagen, das Absolute, dasjenige, das keinen Bedingungen mehr unterliegt, was über allem Sein steht, was jenseits von allem liegt, was sich den Sinnen und dem Verstand erschließt.

Kant wird fündig. Aber nicht in dem Sinne, daß er dieses absolute Sein findet, sondern er wird fündig in der Erkenntnis, daß *dieses Unbedingte nicht erkannt werden kann, aber gedacht werden muß.*

4. Die Ideen

Was nicht erkannt werden kann, kann auch nicht in der Erfahrung angetroffen werden. So sucht Kant nach einem Namen für das nicht zu Erkennende und fragt, mit welchen Begriffen das nicht Erkennbare ausgedrückt werden kann. Zuerst nennt er sie »Begriffe der reinen Vernunft«, dann »transzendente Begriffe der reinen Vernunft« und schließlich greift er auf einen Begriff zurück, den schon der Grieche Plato geprägt hat, *die Idee.* Kant wendet ganze sieben Seiten auf, um die Verwendung dieses Begriffes zu rechtfertigen; dann erklärt er ihn:

Ich verstehe unter der Idee einen notwendigen Vernunft-begriff, dem kein kongruierender Gegenstand in den Sinnen gegeben werden kann. Also sind unsere jetzt erwogenen reinen Vernunftbegriffe *transzendentale* Ideen. Sie sind Begriffe der reinen Vernunft; denn sie betrachten alles Erfahrungserkenntnis als bestimmt durch eine absolute Totalität der Bedingungen. Sie sind nicht willkürlich erdichtet, sondern durch die Natur der Vernunft selbst aufgegeben, und beziehen sich daher notwendiger Weise auf den ganzen Verstandesgebrauch. Sie sind endlich transzendent und übersteigen die Grenzen aller Erfahrung, in welcher also niemals ein Gegenstand vorkommen kann, der der transzendentalen Idee adäquat wäre. Wenn man eine Idee nennt: so sagt man dem Objekt nach (als von einem Gegenstande des reinen Verstandes) *sehr viel*, dem Subjekte nach aber (d.i. in Ansehung seiner Wirklichkeit unter empirischer Bedingung) eben darum *sehr wenig*, weil sie, als der Begriff eines Maximum, in concreto niemals kongruent kann gegeben werden. Weil nun das letztere im bloß spekulativen Gebrauch der Vernunft eigentlich die ganze Absicht ist, und die Annäherung zu einem Begriffe, der aber in der Ausübung doch niemals erreicht wird, eben so viel ist, als ob der Begriff ganz und gar verfehlet würde: so heißt es von einem dergleichen Begriffe: er ist *nur* eine Idee. So würde man sagen können: das absolute Ganze aller Erscheinungen ist nur *eine Idee*, denn, da wir dergleichen niemals im Bilde entwerfen können, so bleibt es ein *Problem* ohne alle Auflösung. Dagegen, weil es im praktischen Gebrauch des Verstandes ganz allein um die Ausübung nach Regeln zu tun ist, so kann die Idee der praktischen Vernunft jederzeit wirklich, obzwar nur zum Teil, in concreto gegeben werden, ja sie ist die unentbehrliche Bedingung jedes parktischen Gebrauchs der Vernunft. Ihre Ausübung ist jederzeit begrenzt und mangelhaft, aber unter nicht bestimmbaren Grenzen, also jederzeit unter dem Einflusse des Begriffs einer absoluten Vollständigkeit. Demnach ist die praktische Idee jederzeit höchst fruchtbar und in Ansehung der wirklichen Handlungen unumgänglich notwendig. (B 383 ff.)

So kommt das Interesse der Vernunft zum Ziel. Das Ziel ist die Auffindung der Idee. Sie ist jenseits aller Erkennbarkeit, aber trotzdem unverzichtbar; ein »Problem ohne alle Auflösung«, genauso wie der Horizont, der nie erreicht werden kann.

Wenn Kant sagt, daß die Metaphysik nur drei (transzendentale) Ideen hat, nämlich Unsterblichkeit, Freiheit und Gott, meint er damit:

a) Zu den Bedingungen, denen der *Mensch* unterworfen ist, muß es etwas Unbedingtes, etwas Absolutes, als Einheit dieser Bedingungen geben. Kant gibt diesem Unbedingten einen Namen: *Unsterblichkeit (der Seele)*. Sie ist Gegenstand der Psychologie.

b) Zu den Bedingungen, denen die Welt als Bedingung aller Erscheinungen unterworfen ist, muß es etwas Unbedingtes als Einheit dieser Bedingungen geben. Kant gibt diesem Unbedingten den Namen *Freiheit*. Sie ist Gegenstand der Kosmologie.

c) Zu allen Bedingungen schlechthin, denen *alles Denken und alles Gedachte* unterworfen ist, muß es etwas Unbedingtes als Einheit dieser Bedingungen geben. Kant sieht diese Einheit in einem notwendigen Wesen: *Gott*. Er ist Gegenstand der Theologie.

5. Die Dialektik

Das Problem ist, daß wir von der Idee als solcher keinen Verstandesbegriff haben. Weder Unsterblichkeit, noch Freiheit, noch Gott können als Verstandesbegriffe herhalten, denn nach dem bisherigen Verständnis von Verstand braucht dieser Erfahrungen und Veranschaulichungen. Damit können die Ideen aber nicht dienen. Somit fehlen dem Unbedingten die zwei Bedingungen objektiver Erkenntnis (die sinnliche Anschauung und der Verstandesbegriff); genauer noch: sie *müssen* ihm fehlen, denn das Unbedingte mit Bedingungen ist kein Unbedingtes.

Von den dialektischen Schlüssen der reinen Vernunft

Man kann sagen, der Gegenstand einer bloßen transzendentalen Idee sei etwas, wovon man keinen Begriff hat, obgleich diese Idee ganz notwendig in der Vernunft nach ihren ursprünglichen Gesetzen erzeugt worden. Denn in der Tat ist auch von einem Gegenstande, der der Forderung der Vernunft adäquat sein soll, kein Verstandesbegriff möglich, d.i. ein solcher, welcher in einer möglichen Erfahrung gezeigt und anschaulich gemacht werden kann ...

Nun beruht wenigstens die transzendentale (subjektive) Realität der reinen Vernunftbegriffe darauf, daß wir durch einen notwendigen Vernunftschluß auf solche Ideen gebracht werden. Also wird es Vernunftschlüsse geben, die keine empirische Prämissen enthalten, und vermittelst deren wir von etwas, das wir kennen, auf etwas anderes schließen, wovon wir doch keinen Begriff haben, und dem wir gleichwohl, durch einen unvermeidlichen Schein, objektive Realität geben. Dergleichen Schlüsse sind in Ansehung ihres Resultats also eher *vernünftelnde*, als Vernunftschlüsse zu nennen; wiewohl sie, ihrer Veranlassung wegen, wohl den letzteren Namen führen können, weil sie doch nicht erdichtet, oder zufällig entstanden, sondern aus der Natur der Vernunft entsprungen sind. Es sind Sophistikationen, nicht der Menschen, sondern der reinen Vernunft selbst, von denen selbst der Weiseste unter allen Menschen sich nicht losmachen, und vielleicht zwar nach vieler Bemühung den Irrtum verhüten, den Schein aber, der ihn unaufhörlich zwackt und äfft, niemals völlig los werden kann. (B 397)

Der notwendige Verzicht auf Anschauung und Begriff hat einen hohen Preis: er führt zu den unvermeidlichen Fehlschlüssen der reinen Vernunft. Mit diesen Fehlschlüssen haben wir nun den schwankenden Boden der transzendentalen Dialektik betreten. Wir wollen aber diesen waghalsigen Schritt nicht tun, ohne uns vorher über den Begriff »Dialektik« Klarheit zu verschaffen. *Was ist Dialektik?*

Die Ableitung erfolgt vom griechischen *dialegomai* = ich unterhalte mich; siehe das fast schon deutsche Wort »Dialog«. Die simpelste Übersetzung von Dialektik würde demnach »Unterredungskunst« lauten. Wer die berühmten platonischen Dialoge des Sokrates in Erinnerung hat, wird Dialektik übersetzen als »Methode von Rede und Widerspruch«, ein Abwägen von Pro und Contra auf eine bestimmte Frage, um dann zu einer weiterführenden Aussage zu gelangen.

Für Kant ist Dialektik nichts anderes als die Logik des Scheins: die Vernunft verwickelt sich auf der Suche nach dem Unbedingten in Widersprüche, nämlich in die besagten Fehlschlüsse. Damit legt Kant den Grundstein für das, was später der große Philosoph Hegel (vereinfacht) These, Antithese und Synthese nennen wird.

Das soll dem Anfänger genügen: Was jetzt folgt, ist nichts anderes als eine Ausführung dessen, was Kant unter Dialektik versteht.

Die große Entlarvung
oder
Die transzendentale Dialektik (Zweites Buch)

Die Aufgabe, die Kant der reinen Vernunft nun stellt, ist die Entlarvung des Anspruches der bisherigen Metaphysik, sie könnte das Unbedingte wirklich auffinden. Als erste – vorweggenommene – Konsequenz dieser Entlarvung müssen wir eine Korrektur vornehmen. Im letzten Kapitel haben wir in die Behauptung: »Zu den Bedingungen, denen Mensch, Welt und Gedachtes unterworfen ist, muß es etwas Unbedingtes als Einheit dieser Bedingungen geben« ein Wörtchen eingeschmuggelt, das falsch ist: *geben*. Denn wenn wirklich nach dem Motto: »Sind die Bedingungen gegeben, wird auch das Unbedingte gegeben sein« verfahren wird, sind wir automatisch bei dem klassischen Fehler der alten Metaphysik gelandet, daß Seele, Welt und Gott als erkennbare Gegenstände der Betrachtung gegeben sind.

Dies verleitet zu den berühmten Fehlschlüssen, die Kant in drei Hauptstücken abhandelt:
1. Paralogismen
2. Antinomien (der Höhepunkt von Kants Dialektik-Kapitel, unterteilt in vier kosmologische Ideen)
3. Transzendentales Ideal.

1. Die Paralogismen (Fehlschlüsse)

Thema: Die Seele

Spätestens seit dem berühmten »cogito, ergo sum« (ich denke, also bin ich) des Franzosen Descartes ist klar, daß das »Ich denke« tatsächlich die notwendige

Bedingung aller Erkenntnis ist. Der Fehler, den Kant der Psychologie (in seinen Worten: der »rationalen Seelenlehre«) vorwirft, ist, daß zwar das Subjekt des Denkens, der Mensch, ein Gegenstand der Anschauung ist, nicht aber das Denken selbst. Ist das »Ich denke« Gegenstand der Anschauung, muß man auch die Kategorien darauf beziehen. Wird dann beispielsweise die Kategorie der Substanz auf das »Ich denke« angewendet, haben wir eine materielle Vorstellung von dem, was Seele heißt, und somit auch eine objektive Erkenntnis von Seele.

Das »Ich denke« ist zwar der Ursprung aller Kategorien (das »Vehikel aller Begriffe«, sagt Kant in B 399), aber selbst nicht als Anschauung ableitbar. Die transzendentale Einheit des Bewußtseins aber (siehe die Ausführungen über die transzendentale Apperzeption) ist eine *formale Einheit im Denken*. Der dialektische Schein entsteht bei der Verdinglichung des »Ich denke«. Somit hat die Seele kein Dasein, *aber sie hat auch kein Nichtsein*. Sie bleibt eine unverzichtbare transzendentale Idee.

2. Die Antinomien

Thema: Die Welt

Hier müssen wir einfach etwas ausholen, weil die Sache, um die es geht, so spannend ist. Wir stellen die zentrale Ausgangsthese, um die sich alles, was jetzt folgt, wie um einen Angelpunkt dreht, gleich an den Anfang.

> Es ist das tragische Schicksal der Vernunft, sich dort in Widersprüche zu verwickeln, wo sie einen Anspruch auf Absolutheit anmeldet.

Selbst im Alltag findet sich diese These tausendfach bestätigt:

Ein Mensch spendet 1000 Mark für den Hunger in der Welt. Warum? Ist diese Geldspende ein wirklicher Beitrag zur Hungerbekämpfung oder nur die Beruhigung des schlechten Gewissens, weil man in Wohlstand lebt?

Eine Firma gibt ein teures Inserat in der Zeitung gegen Ausländerfeindlichkeit auf. Ist dies ein Zeichen gegen Fremdenhaß oder nur plumpe Reklame?

Beide Möglichkeiten einer Antwort auf beide Fragen sind mögliche Aussagen der Vernunft. Der Grund des Widerspruches ist in beiden Fällen der Versuch der Vernunft, eine letztgültige Aussage über die absoluten Bedingungen von Spende bzw. Inserat zu machen.

Wir gehen einen Schritt weiter. Einen großen Stellenwert hat der Widerspruch der Vernunft nun bei der Antinomie. Was aber ist das? Antinomie heißt wörtlich »Gegengesetzlichkeit« oder »Widerstreit der Gesetze«. Sagt jemand, die Wand ist weiß, ein anderer aber, die Wand ist grün, ist das noch keine Antinomie. Zu einer Antinomie gehört, daß Widersprüche als notwendig (gesetzlich) erscheinen.

Ein Beispiel von Antinomie aus dem Gebiet der Philosophie, das uns später noch beschäftigen wird: Der Mensch ist frei/der Mensch ist nicht frei. Freiheit und Gebundenheit stehen in einem Gegensatz, dieser Gegensatz ist aber für das Verständnis vom Menschen notwendig.

Ein Beispiel aus dem Gebiet der Theologie: Gott ist ein verborgener Gott/Gott ist ein offenbarter Gott. Auch diese beiden Gegensätze sind für das Gottesverständnis notwendig, denn die erste Aussage allein führt zu Sprachlosigkeit, die zweite Aussage allein führt zu einem selbstherrlichen Bescheid-Wissen über Gott.

So ist es in der Tat das tragische Schicksal der Vernunft, sich dort in Widersprüche zu verwickeln, wo sie ihren Anspruch auf Absolutheit anmeldet. Vor Kant wurde dies so nicht gesehen; wenn sich Positionen der Philosophie widersprachen, berief sich meist eine Lehrmeinung auf die eine Position, die andere Lehrmeinung auf die gegensätzliche Position. Kant überrascht nun seine Zeitgenossen mit einer radikal neuen Sicht: der Grund für Widersprüche ist nicht im jeweiligen Denkansatz der jeweiligen philosophischen Richtung zu suchen, *sondern in der Vernunft selbst, deren Natur eben diese Widersprüchlichkeit ist.*

Auf der Suche nach dem Unbedingten in der Welt stößt Kant auf vier mögliche Unbedingtheiten der Welt, die er als die vier kosmologischen Ideen in vier Antinomien abhandelt.

Da wir Kants Vorliebe kennen, für alles ein System aufzustellen, verwundert es auch nicht, wenn er nun beginnt, in seinem Kapitel ›System der kosmologischen Ideen‹ eine »Tafel der Ideen einzurichten« (B 438). Die »Speisekarte« dieser Tafel in B 443 liest sich schwerer, als sie in Wirklichkeit ist.

1. Die absolute Vollständigkeit
der *Zusammensetzung*
des gegebenen Ganzen aller Erscheinungen

In dieser kosmologischen Idee, die der Kategorie der Quantität entlehnt ist, (genauso wie die drei anderen Ideen den drei restlichen Kategorien entlehnt sind) werden die Bedingungen von Zeit und Raum genannt: Eine verlaufende Zeit ist die Bedingung des gegenwärtigen Augenblicks, und ein Raum ist immer die Bedingung von der Grenze des vorigen Raumes. *Diese Idee zielt somit auf Weltanfang und Weltgrenze.*

2. Die absolute Vollständigkeit
der *Teilung*
eines gegebenen Ganzen in der Erscheinung

Die Realität im Raum ist die Materie. Die innere Bedingung der Materie sind ihre Teile, und die Teile der Teile die entferntesten Bedingungen von Materie. *Diese Idee zielt auf die Zusammensetzung der Welt aus einfachen oder zusammengesetzten Teilen.*

3. Die absolute Vollständigkeit
der *Entstehung*
einer Erscheinung

Bei dieser Idee geht es mit der Kausalität um das Verhältnis der Erscheinungen untereinander, d.h. um die Ursachen in ihrem Verhältnis zur Wirkung. *Diese Idee zielt auf die uralte Frage: gibt es Freiheit oder nur Naturabhängigkeit?*

4. Die absolute Vollständigkeit
der *Abhängigkeit des Daseins*
des Veränderlichen in der Erscheinung

Ist das Zufällige bedingt oder gibt es eine unbedingte Notwendigkeit? *Diese Idee zielt auf die Existenz eines notwendigen Wesens.*

Diese vier Ideen nun verwickeln den Betrachter in Widersprüche, die in den berühmt gewordenen vier Antinomien gegenübergestellt werden.

Die 1. Antinomie

Eine kurze Hilfestellung zu Kants Vorgehen vorweg. Es ist stets so, daß er zum Beweis einer These von der entgegengesetzten These ausgeht und diese als unmöglich hinstellt, und zum Beweis der Antithese die These hernimmt und diese als unmöglich hinstellt.

Erster Widerstreit der transzendentalen Ideen

Thesis

Die Welt hat einen Anfang in der Zeit, und ist dem Raum nach auch in Grenzen eingeschlossen.

Beweis

Denn, man nehme an, die Welt habe der Zeit nach keinen Anfang: so ist bis zu jedem gegebenen Zeitpunkte eine Ewigkeit abgelaufen, und mithin eine unendliche Reihe aufeinander folgender Zustände der Dinge in der Welt verflossen. Nun besteht aber eben darin die Unendlichkeit einer Reihe, daß sie durch sukzessive Synthesis niemals vollendet sein kann. Also ist eine unendlich verflossene Weltreihe unmöglich, mithin ein Anfang der Welt eine notwendige Bedingung ihres Daseins; welches zuerst zu beweisen war.

In Ansehung des *zweiten* nehme man wiederum das Gegenteil an: so wird die Welt ein unendliches gegebenes Ganzes von zugleich existierenden Dingen sein. Nun können wir die Größe eines Quanti, welches nicht innerhalb gewisser Grenzen jeder Anschauung gegeben wird, auf keine andere Art, als nur durch die Synthesis der Teile, und die Totalität eines solchen Quanti nur durch die vollendete Synthesis, oder durch wiederholte Hinzusetzung der Einheit zu sich selbst, gedenken. Demnach, um sich die Welt, die alle Räume erfüllt, als ein Ganzes zu denken, müßte die sukzessive Synthesis der Teile einer unendlichen Welt als vollendet angesehen, d.i. eine unendliche Zeit müßte, in der Durchzählung aller koexistierender Dinge, als abgelaufen angesehen werden; welches unmöglich ist. Demnach kann ein unendliches Aggregat wirklicher Dinge nicht als ein gegebenes Ganzes, mithin auch nicht als *zugleich* gegeben werden. Eine Welt ist folglich, der Ausdehnung im Raume nach, *nicht unendlich*, sondern in ihren Grenzen eingeschlossen; welches das zweite war. (B 454 f.)

Wer beim Lesen eine leichte Überforderung fühlte, sei mit einer gerafften Zusammenfassung entschädigt.

a) Die Welt hat einen Anfang in der Zeit: Hätte sie keinen Anfang, müßte eine unendliche Zeitreihe vorausgesetzt werden. Bis zum jetzigen Zeitpunkt wäre dann eine Ewigkeit abgelaufen. Eine verflossene Zeitreihe aber kann nur endlich sein und niemals unendlich.

b) Die Welt hat einen Anfang im Raum, sie ist in Grenzen eingeschlossen: Hätte sie keine Grenzen, wäre sie ein unendliches Ganzes. Dies ist aber nicht möglich, da dann diese Unendlichkeit in einer endlichen Zeitreihe gesehen werden müßte.

Antithesis

Die Welt hat keinen Anfang, und keine Grenzen im Raume, sondern ist, sowohl in Ansehung der Zeit, als des Raums, unendlich.

Beweis

Denn man setze: sie habe einen Anfang. Da der Anfang ein Dasein ist, wovor eine Zeit vorhergeht, darin das Ding nicht ist, so muß eine Zeit vorhergegangen sein, darin die

Welt nicht war, d.i. eine leere Zeit. Nun ist aber in einer leeren Zeit kein Entstehen irgend eines Dinges möglich; weil kein Teil einer solchen Zeit vor einem anderen irgend eine unterscheidende Bedingung des Daseins, vor die des Nichtseins, an sich hat (man mag annehmen, daß sie von sich selbst, oder durch eine andere Ursache entstehe). Also kann zwar in der Welt manche Reihe der Dinge anfangen, die Welt selber aber kann keinen Anfang haben, und ist also in Ansehung der vergangenen Zeit unendlich.

Was das zweite betrifft, so nehme man zuvörderst das Gegenteil an, daß nämlich die Welt dem Raume nach endlich und begrenzt ist; so befindet sie sich in einem leeren Raum, der nicht begrenzt ist. Es würde also nicht allein ein Verhältnis der Dinge im Raum, sondern auch der Dinge zum Raume angetroffen werden. Da nun die Welt ein absolutes Ganzes ist, außer welchem kein Gegenstand der Anschauung, und mithin kein Korrelatum der Welt, angetroffen wird, womit dieselbe im Verhältnis stehe, so würde das Verhältnis der Welt zum leeren Raum ein Verhältnis derselben zu *keinem Gegenstande* sein. Ein dergleichen Verhältnis aber, mithin auch die Begrenzung der Welt durch den leeren Raum, ist nichts; also ist die Welt, dem Raume nach, gar nicht begrenzt, d.i. sie ist in Ansehung der Ausdehnung unendlich. (B 455 ff.)

Auch hier eine geraffte Zusammenfassung.

a) Die Welt hat keinen Anfang in der Zeit. Hätte sie einen Anfang, gäbe es vor dem Anfang eine Zeit, in der die Welt nicht war, eine leere Zeit. In einer leeren Zeit gibt es aber keinen Zeitanfang, somit auch kein Entstehen eines Dinges, auch nicht der Welt.

b) Die Welt hat keinen Anfang im Raum: Hätte die Welt eine Grenze, befände sie sich in einem leeren Raum. Das Verhältnis der Welt zu einem leeren Raum wäre dann nichts anderes als das Verhältnis der Welt zu keinem Raum. Es gäbe also dann kein Verhältnis.

Die 2. Antinomie

Thesis

Eine jede zusammengesetzte Substanz in der Welt besteht aus einfachen Teilen, und es existiert überall nichts als das Einfache, oder das, was aus diesem zusammengesetzt ist. (B 462)

Diese Antinomie hat zwar die wichtige Frage zum Thema, ob die Seele von gleicher Teilbarkeit und Verweslichkeit wie die Materie ist, verdient wegen ihrer nicht gerade spannenden Argumentation nur eine stiefmütterliche Erläuterung; wer will, kann sie überschlagen.

Gäbe es kein aus einfachen Teilen Zusammengesetztes, würde nichts bleiben, weder ein Zusammengesetztes noch ein einfaches Teil. Fatale Folge: es gäbe überhaupt keine Substanz.

Antithesis

Kein zusammengesetztes Ding in der Welt besteht aus einfachen Teilen, und es existiert überall nichts Einfaches in derselben. (B 463)

Gäbe es ein Zusammengesetztes aus einfachen Teilen, müßten jedes Teil einen eigenen Raum einnehmen und es Teile vom Raum geben. Alles Reale aber im Raum schließt Mannigfaltiges in sich ein und kann deshalb nicht einfach sein.

Die 3. Antinomie

Der philosophische Anfänger, der bis jetzt durchgehalten hat, soll wissen, daß er jetzt heiligen Boden betritt. Hier schlägt Kants Herz. Hier wird das Fundament gelegt für das eindrucksvolle Monumentalgebäude seiner Moralphilosophie und Ethik, deren Bausteine derjenige kennt, welcher schon einmal den Begriff »Kategorischer Imperativ« ausgesprochen hat. Hier geht es um die faszinierende und nie endende Diskussion, ob Freiheit möglich ist, oder ob alles von der Natur bestimmt wird.

Dritter Widerstreit der transzendentalen Ideen

Thesis

Die Kausalität nach Gesetzen der Natur ist nicht die einzige, aus welcher die Erscheinungen der Welt insgesamt abgeleitet werden können. Es ist noch eine Kausalität durch Freiheit zu Erklärung derselben anzunehmen notwendig.

Beweis

Man nehme an, es gebe keine andere Kausalität, als nach Gesetzen der Natur: so setzt alles, *was geschieht* einen vorigen Zustand voraus, auf den es unausbleiblich nach einer Regel folgt. Nun muß aber der vorige Zustand selbst etwas sein, was geschehen ist (in der Zeit geworden, da es vorher nicht war), weil, wenn es jederzeit gewesen wäre, seine Folge auch nicht allererst entstanden, sondern immer gewesen sein würde. Also ist die Kausalität der Ursache, durch welche etwas geschieht, selbst etwas *Geschehenes*, welches nach dem Gesetze der Natur wiederum einen vorigen Zustand und dessen Kausalität, dieser aber eben so einen noch älteren voraussetzt usw. Wenn also alles nach bloßen Gesetzen der Natur geschieht, so gibt es jederzeit nur einen subalternen, niemals aber einen ersten Anfang, und also überhaupt keine Vollständigkeit der Reihe auf der Seite der voneinander abstammenden Ursachen. Nun besteht aber eben darin das Gesetz der Natur: daß ohne hinreichend a priori bestimmte Ursache nichts geschehe. Also widerspricht der Satz, als wenn alle Kausalität nur nach Naturgesetzen möglich sei, sich selbst in seiner unbeschränkten Allgemeinheit, und diese kann also nicht als die einzige angenommen werden.

Diesem nach muß eine Kausalität angenommen werden, durch welche etwas geschieht, ohne daß die Ursache davon noch weiter, durch eine andere vorhergehende Ursache, nach notwendigen Gesetzen bestimmt sei, d.i. eine absolute Spontaneität der Ursachen, eine Reihe von Erscheinungen, die nach Naturgesetzen läuft, von selbst anzufangen, mithin transzendentale Freiheit, ohne welche selbst im Laufe der Natur die Reihenfolge der Erscheinungen auf der Seite der Ursachen niemals vollständig ist. (B 472 ff.)

Dasselbe mit eigenen Worten:

Gäbe es keine Freiheit, etwas neu anzufangen, würde alles einen vorigen Zustand voraussetzen. Jede Kausalität würde nach den Gesetzen der Natur eine andere Kausalitätskette voraussetzen. Da in der Natur nie etwas ohne Ursache passiert, gäbe es somit keinen ersten Anfang. Ohne Anfang wäre aber jede Reihe unvollständig. So widerspricht der Satz von der Naturgesetzlichkeit wegen seiner unbeschränkten Allgemeinheit sich selbst, da eine Kausalreihe nie vollständig wäre. Demnach muß es etwas geben, meint Kant, was mir beispielsweise ermöglicht, vom Stuhl aufzustehen, um eine neue Kausalreihe anzufangen (B 478). Kant nennt dies *absolute Spontaneität der Ursachen* oder transzendentale Freiheit.

Es ist keine Freiheit, sondern alles in der Welt geschieht
lediglich nach Gesetzen der Natur.

Beweis

Setzet: es gebe eine *Freiheit* im transzendentalen Verstande, als eine besondere Art von Kausalität, nach welcher
die Begebenheiten der Welt erfolgen könnten, nämlich ein
Vermögen, einen Zustand, mithin auch eine Reihe von
Folgen desselben, schlechthin anzufangen: so wird nicht
allein eine Reihe durch diese Spontaneität, sondern die
Bestimmung dieser Spontaneität selbst zur Hervorbrin-
gung der Reihe, d.i. die Kausalität, wird schlechthin anfangen, so daß nichts vorhergeht, wodurch diese gesche-
hende Handlung nach beständigen Gesetzen bestimmt
sei. Es setzt aber ein jeder Anfang zu handeln einen Zustand der noch nicht handelnden Ursache voraus, und ein
dynamisch erster Anfang der Handlung einen Zustand,
der mit dem vorhergehenden eben derselben Ursache gar
keinen Zusammenhang der Kausalität hat, d.i. auf keine
Weise daraus erfolgt. Also ist die transzendentale Freiheit
dem Kausalgesetze entgegen, und eine solche Verbindung
der sukzessiven Zustände wirkender Ursachen, nach welcher keine Einheit der Erfahrung möglich ist, die also
auch in keiner Erfahrung angetroffen wird, mithin ein
leeres Gedankending.

Wir haben also nichts als *Natur*, in welcher wir den
Zusammenhang und Ordnung der Weltbegebenheiten suchen müssen. Die Freiheit (Unabhängigkeit) von den Gesetzen der Natur, ist zwar eine *Befreiung* vom *Zwange*,
aber auch vom Leitfaden aller Regeln. Denn man kann
nicht sagen, daß, anstatt der Gesetze der Natur, Gesetze
der Freiheit in die Kausalität des Weltlaufs eintreten, weil,
wenn diese nach Gesetzen *bestimmt wäre, sie nicht Freiheit, sondern selbst nichts anderes als Natur wäre*. Natur
also und transzendentale Freiheit unterscheiden sich wie
Gesetzmäßigkeit und Gesetzlosigkeit, davon jene zwar

den Verstand mit der Schwierigkeit belästigt, die Abstammung der Begebenheiten in der Reihe der Ursachen immer höher hinauf zu suchen, weil die Kausalität an ihnen jederzeit bedingt ist... (B 473 ff.)

Dasselbe mit eigenen Worten:

Gäbe es Freiheit, würde nicht nur eine Reihe durch die Spontaneität anfangen, sondern auch die Kausalität würde anfangen. Somit ginge nichts vorher, wodurch Geschehenes durch Gesetze bestimmt sei. Aber ein jeder Anfang zu handeln setzt doch einen Zustand der noch nicht handelnden Ursache voraus. Somit hätte ein erster Anfang einen Zustand vorausgesetzt, der mit dem vorhergehenden Zustand in keinem Zusammenhang steht. Was aber in keinem gesetzlichen Zusammenhang steht, kann nicht erkannt werden, es ist ein »leeres Gedankending«.

Die 4. Antinomie

Thesis

Zu der Welt gehört etwas, das, entweder als ihr Teil, oder ihre Ursache, ein schlechthin notwendiges Wesen ist.

Unsere Welt basiert auf Veränderungen. Jede Veränderung beruht aber auf einer Bedingung, die notwendig ist. Diese Reihe von Bedingungen setzt der Vollständigkeit halber ein schlechthin Unbedingtes voraus, das absolut notwendig ist. Dieses Unbedingte gehört aber zur Welt, weil Veränderungen in der Zeit geschehen und nicht unabhängig von der Zeit gedacht werden können.

Es existiert überall kein schlechthin notwendiges Wesen, weder in der Welt, noch außer der Welt, als ihre Ursache.

Gäbe es ein notwendiges Wesen, wäre in der Welt ein Anfang, der als unbedingte Notwendigkeit keine Ursache haben dürfte. Dies aber ist nach den Gesetzen der Natur unmöglich.

***

Das waren sie, die vier Antinomien. Nach Paralogismen und Antinomien wäre jetzt der Punkt 3 (Transzendentales Ideal) an der Reihe. Aber Kant läßt uns warten, bis er den Faden wieder aufnimmt. Er hält die Aufschlüsselung der Antinomien für so wichtig, daß er sie in sieben Abschnitten und vier Unterabschnitten an dieser Stelle einschiebt. Hier pflanzt er den Samen für seine nächste große Kritik, die ›Kritik der praktischen Vernunft‹. Dann erst nimmt er den Faden wieder auf, 80 Seiten später.

Damit wir den Faden nicht verlieren, nehmen wir den wichtigen Einschub heraus, widmen ihm eine eigene Überschrift und wollen nicht vergessen, daß noch ein Punkt 3 auf uns wartet.

Die Suche nach dem Schlüssel
oder
Die Saat für den kategorischen Imperativ

»Alle Aufgaben auflösen und alle Fragen beantworten zu wollen, würde eine unverschämte Großsprecherei und ein ausschweifender Eigendünkel sein«, behauptet Kant bescheiden (B 504). Ganz so bescheiden, wie er vorgibt, ist er aber doch nicht: eine Seite weiter erhebt er den Anspruch, daß überhaupt keine Frage unauflöslich sei, und daß kein Vorschützen einer unvermeidlichen Unwissenheit von der Verbindlichkeit freisprechen kann, sie vollständig zu beantworten. So schreitet er zur Tat und schließt die dialektischen Widersprüche auf. Sein Schlüssel lautet,

... daß alles, was im Raume oder der Zeit angeschaut wird, mithin alle Gegenstände einer uns möglichen Erfahrung, nichts als Erscheinungen, d.i. bloße Vorstellungen sind, die ... außer unseren Gedanken keine an sich gegründete Existenz haben. (B 519)

Wenden wir den gefundenen Schlüssel auf die Antinomien 1 und 2 an, würde das bedeuten, daß die Fragen auf falschen Voraussetzungen beruhen: Es gibt für die Welt als ganze keine sinnliche Anschauung! Sowohl die unendliche Welt ohne Anfang, als auch die endliche Welt mit Grenzen kommt in der raum/zeitlichen Sinneserfahrung nicht vor. Der Fehler ist, daß unsere Vorstellungen übertragen werden auf etwas, was einfach nicht anschaubar ist, auf das Ding an sich (in diesem Fall auf die Welt an sich). Die Welt als ganze bleibt eine Idee. Bei Kant liest sich das so:

Ich kann demnach nicht sagen: die Welt ist der vergangenen Zeit, oder dem Raume nach *unendlich*. Denn dergleichen Begriff von Größe, als einer gegebenen Unendlichkeit, ist empirisch, mithin auch in Ansehung der Welt, als eines Gegenstandes der Sinne, schlechterdings unmöglich. Ich werde auch nicht sagen: der Regressus von einer gegebenen Wahrnehmung an, zu allem dem, was diese im Raume sowohl, als der vergangenen Zeit, in einer Reihe begrenzt, geht *ins Unendliche*: denn dieses setzt die unendliche Weltgröße voraus; auch nicht: sie ist *endlich*; denn die absolute Grenze ist gleichfalls empirisch unmöglich. Demnach werde ich nichts von dem ganzen Gegenstande der Erfahrung (der Sinnenwelt), sondern nur von der Regel, nach welcher Erfahrung, ihrem Gegenstande angemessen, angestellt und fortgesetzt werden soll, sagen können. (B 548)

Aller Anfang ist in der Zeit, und alle Grenze des Ausgedehnten im Raume. Raum und Zeit aber sind nur in der Sinnenwelt. Mithin sind nur Erscheinungen *in der Welt* bedingterweise, die Welt aber selbst weder bedingt, noch auf unbedingte Art begrenzt. (B 550)

Bei den Antinomien 3 und 4 kommt Kant zu einem anderen Ergebnis, das wir zum besseren Verständnis vorwegnehmen wollen: These und Antithese sind nicht mehr falsch und schließen sich auch nicht gegenseitig aus; *die Thesen von Freiheit und notwendigem Wesen sind gegenüber den Antithesen zumindestens denkbar.* Um dies zu belegen, erläutert er sein Verständnis von Kausalität.

Auflösung der kosmologischen Ideen von der Totalität der Ableitung der Weltbegebenheiten aus ihren Ursachen

Man kann sich nur zweierlei Kausalität in Ansehung dessen, was geschieht, denken, entweder nach der *Natur*, oder aus *Freiheit*. Die erste ist die Verknüpfung eines Zustandes mit einem vorigen in der Sinnenwelt, worauf jener nach einer Regel folgt. Da nun die *Kausalität* der Erscheinungen auf Zeitbedingungen beruht, und der vorige Zustand, wenn er jederzeit gewesen wäre, auch keine Wirkung, die allererst in der Zeit entspringt, hervorgebracht hätte: so ist die Kausalität der Ursache dessen, was geschieht, oder entsteht, auch *entstanden*, und bedarf nach dem Verstandesgrundsatze selbst wiederum eine Ursache.

Dagegen verstehe ich unter Freiheit, im kosmologischen Verstande, das Vermögen, einen Zustand *von selbst* anzufangen, deren Kausalität also nicht nach dem Naturgesetze wiederum unter einer anderen Ursache steht, welche sie der Zeit nach bestimmte. Die Freiheit ist in dieser Bedeutung eine reine transzendentale Idee, die erstlich nichts von der Erfahrung Entlehntes enthält, zweitens deren Gegenstand auch in keiner Erfahrung bestimmt gegeben werden kann, weil es ein allgemeines Gesetz, selbst der Möglichkeit aller Erfahrung, ist, daß alles, was geschieht, eine Ursache, mithin auch die Kausalität der Ursache, die *selbst geschehen*, oder entstanden, wiederum eine Ursache haben müsse; wodurch denn das ganze Feld der Erfahrung, so weit es sich erstrecken mag, in einen Inbegriff bloßer Natur verwandelt wird. Da aber auf solche Weise keine absolute Totalität der Bedingungen im Kausalverhältnisse heraus zu bekommen ist, so schafft sich die Vernunft die Idee von einer Spontaneität, die von selbst anheben könne zu handeln, ohne daß eine andere Ursache vorangeschickt werden dürfe, sie wiederum nach dem Gesetze der Kausalverknüpfung zur Handlung zu bestimmen. (B 560 f.)

Die Kausalität in der Natur bleibt unangetastet, aber daneben kann etwas anderes gedacht werden, was z.B. eine Handlung spontan von selbst anfangen läßt; es ist die Freiheit (oder die für unsere Ohren seltsam klingende Wendung »Kausalität aus Freiheit«). Die Absicht Kants ist zu wichtig, um sie zu überlesen: Er will den Boden bereiten für die Möglichkeit von sittlichen Handlungen.

Stellen wir uns folgendes vor: Ich errette einen Ertrinkenden vor dem Tode, indem ich ins Wasser springe und ihn herausziehe. Wenn Kant im gerade gelesenen Text sagt, daß diese meine Freiheit »nichts von der Erfahrung Entlehntes enthält«, soll dies keineswegs heißen, daß in der Erfahrung eine solche Rettungsaktion nicht vorkommt. Es heißt vielmehr, daß die Kausalität dessen (der Grund, ins Wasser zu springen) nicht als Naturgesetzlichkeit vorkommt. Deshalb ist Freiheit eine transzendentale Idee. Kant malt die Gefahr an die Wand, was passieren würde, gäbe es diese (Kausalität aus) Freiheit nicht. Es wäre so,

...daß, wenn alle Kausalität in der Sinnenwelt bloß Natur wäre, so würde jede Begebenheit durch eine andere in der Zeit nach notwendigen Gesetzen bestimmt sein..., so würde die Aufhebung der transzendentalen Freiheit zugleich *alle praktische Freiheit vertilgen.* (B 562)

Ähnlich wäre es, wenn alles, was wir in der Natur sehen, Dinge an sich wären:

Denn, sind Erscheinungen Dinge an sich selbst, so ist Freiheit nicht zu retten. Alsdann ist Natur die vollständige und an sich hinreichend bestimmende Ursache jeder Begebenheit. (B 564)

Freiheit ist nur dann zu retten, wenn die Wirkungen in der Welt *nicht* entweder aus Natur oder aus Freiheit entspringen, sondern wenn *beides* bei ein und derselben Begebenheit zugleich stattfinden kann.

Wenden wir dies auf das Beispiel vom Retten des Ertrinkenden an. Beides ist möglich:

a) Es könnte die Wirkung des Rettens auf die Ursache zurückzuführen sein, daß der städtische Bademeister dafür bezahlt würde, auf Ertrinkende zu achten. Täte er es nicht, verlöre er seinen Job. Hier läge zwar keine Naturgesetzlichkeit, aber doch eine gewisse Gesetzlichkeit zugrunde.

b) Die Rettung kann aber auch aus der Kausalität der Freiheit entspringen: eine beherzte Tat als spontaner Akt der Freiheit.

Spätestens hier wird klar, daß die ethischen Motive die treibenden Kräfte Kants sind. Ja, es ist sogar in manchen Werken zu lesen, daß die gesamte ›Kritik der reinen Vernunft‹ nur zu einem einzigen Zweck geschrieben wurde: der Entfaltung seiner Moralphilosophie. Wir können dies getrost glauben; die weiteren Ausführungen Kants geben dieser Meinung recht.

Der Begriff der Freiheit, der nicht im Gegensatz zur Natur steht, ist der Begriff der Willensfreiheit. Kant begründet dies mit der Tatsache, daß es für den Menschen neben der Naturkausalität noch etwas anderes gibt: ein Sollen, das in Imperativen seinen Ausdruck findet.

Daß diese Vernunft nun Kausalität habe, wenigstens wir uns eine dergleichen an ihr vorstellen, ist aus den *Imperativen* klar, welche wir in allem Praktischen den ausübenden Kräften als Regeln aufgeben. Das *Sollen* drückt eine Art von Notwendigkeit und Verknüpfung mit Gründen aus, die in der ganzen Natur sonst nicht vorkommt. Der Verstand kann von dieser nur erkennen, *was da ist*, oder gewesen ist, oder sein wird. Es ist unmöglich, daß etwas darin anders *sein soll*, als es in allen diesen Zeitverhältnissen in der Tat ist, ja das Sollen, wenn man bloß den Lauf der Natur vor Augen hat, hat ganz und gar keine Bedeutung. Wir können gar nicht fragen: was in der Natur geschehen soll; eben so wenig, als: was für Eigenschaften ein Zirkel haben soll, sondern was darin geschieht, oder welche Eigenschaften der letztere hat.

Diese Sollen nun drückt eine mögliche Handlung aus, davon der Grund nichts anders, als ein bloßer Begriff ist; da hingegen von einer bloßen Naturhandlung der Grund jederzeit eine Erscheinung sein muß. Nun muß die Handlung allerdings unter Naturbedingungen möglich sein, wenn sie auf das Sollen gerichtet ist; aber diese Naturbedingungen betreffen nicht die Bestimmung der Willkür selbst, sondern nur die Wirkung und den Erfolg derselben in der Erscheinung. Es mögen noch so viele Naturgründe sein, die mich zum *Wollen* antreiben, noch so viele sinnliche Anreize, so können sie nicht das Sollen hervorbringen... (B 575 f.)

Die Lebensrettung des Ertrinkenden kommt natürlich in der Natur vor, *aber nicht die Notwendigkeit: Du sollst Leben retten!* Daß ein solches Sollen der Natur nicht widerstreitet, versteht sich von selbst. Kant nennt das Vermögen des Menschen, aus eigener Spontaneität und Willensfreiheit dieses Sollen umzusetzen, den »intelligiblen Charakter« des Menschen. Intelligibel (die Übersetzung des Lexikons mit »begreifbar« ist dieses Mal nicht sehr hilfreich) ist »dasjenige an einem Gegenstand der Sinne, was selbst nicht Erscheinung ist ...« (B 566), oder anders, was über den sinnlich wahrnehmbaren Naturablauf hinausgeht, in unserem Fall: die nirgendwo in der Natur vorkommende Notwendigkeit zur Hilfe.

> *Damit ist Freiheit aber nicht bewiesen. Denn das sittliche Handeln ist nur ein Hinweis auf die Berechtigung, einen intelligiblen Charakter überhaupt anzunehmen. Ja, ich kann diese Freiheit noch nicht einmal an der Handlung selbst ablesen.*

Das ist so wichtig, daß wir nochmals unser Beispiel von der Lebensrettung strapazieren wollen:

Nehmen wir an, ich filme mit der Kamera, wie jemand ins Wasser springt und den Ertrinkenden aus dem Wasser holt. Die Filmaufnahmen werden nur einen äußeren Ereignisablauf zeigen, das Springen, das Hinzuschwimmen, das Herausziehen oder das Wiederbeatmen, aber nicht die sittliche Freiheit. Es kann nur der »empirische Charakter« des Retters festhalten werden, *auch wenn seine Tat dem intelligiblen Charakter zuzurechnen wäre!*

So kommt Kant zu dem Ergebnis, das zwar etwas versteckt, in einer Fußnote, zu finden ist, aber das für den Kategorischen Imperativ noch äußerst wichtig werden wird:

Die eigentliche Moralität der Handlungen (Verdienst und Schuld) bleibt uns daher, selbst die unseres eigenen Verhaltens, gänzlich verborgen. Unsere Zurechnungen können nur auf den empirischen Charakter bezogen werden. Wie viel aber davon reine Wirkung der Freiheit, wie viel der bloßen Natur und dem unverschuldeten Fehler des Temperaments, oder dessen glücklicher Beschaffenheit (merito fortunae) zuzuschreiben sei, kann niemand ergründen, und daher auch nicht nach völliger Gerechtigkeit richten. (B 579 Anm.*)

Kants Beteuerung in einer Schlußanmerkung unterstreicht das eben Gelesene nochmals in eindeutiger Form: Die Wirklichkeit der Freiheit kann nicht bewiesen werden, noch nicht einmal die Möglichkeit der Freiheit; worauf es ankommt, ist die Denkmöglichkeit, daß Freiheit und Natur sich nicht widersprechen müssen.

Damit ist nicht nur der Anspruch der Vernunft

endgültig als transzendentaler Schein entlarvt, sondern auch der Anspruch der Metaphysik vor Kant,
die glaubte, die klassischen metaphysischen Themen
von Welt, Seele und Gott verobjektivieren zu können.

Mit der Auflösung der vierten Antinomie stehen
wir an der Grenze zu der noch ausstehenden dritten
Entlarvung des Anspruches der Vernunft, auch Gott
beweisen zu können. Kant äußert sich hier sehr
knapp, weil er diesem Thema einen eigenen Hauptteil
einräumt. Wir machen es ihm gleich. Das ...

...stets bedingte, Dasein der Erscheinungen fordert uns
auf: uns nach etwas von allen Erscheinungen *unterschie-
denem,* mithin einem intelligiblen Gegenstand umzusehen, bei welchem diese Zufälligkeit aufhöre. (B 594)

Das Ergebnis beruht auf dem Hinweis, daß auch hier
der Schlüssel die Unterscheidung zwischen Erscheinung und Ding an sich ist, und lautet, daß sich Zufälligkeit und schlechthin notwendiges Wesen nicht aus-
schließen.

Damit unternehmen wir nach Kant den »*ersten
Schritt, den wir außer der Sinnenwelt tun*«. (B 594)

Der Gefangene der
Vernunft: Gott

oder

Das transzendentale Ideal

Nachdem der gefundene Schlüssel die Antinomien aufgesperrt hat, greift Kant den Faden der Vernunftwidersprüche wieder auf. Er wagt sich an das Thema heran, das traditionell der Höhepunkt aller Metaphysik, vor und nach Kant, war und ist: die Frage nach Gott. Die Antworten, die er findet, werden 50 Jahre später den deutschen Dichter Heinrich Heine dazu verleiten, bei Kant den erhobenen Arm gegen Gott zu sehen und ihn mit dem französischen Revolutionär Robespierre zu vergleichen. Andere werden in Kant den großen Zerstörer im Reich der Gedanken sehen, und A. Gulyga wird von großen »Zerstörungen in der lutherischen Theologie« berichten.

Später, in seiner ›Kritik der praktischen Vernunft‹, wird Kant nicht fragen, wie das im Kategorischen Imperativ gefundene Sittengesetz mit dem Gott der Bibel vereinbar ist, sondern er wird feststellen, daß auch Gott dem Sittengesetz unterworfen ist. Dort, in der Moral, hat Gott die einzige Daseinsberechtigung.

Und trotzdem: die heutige Theologie verdankt Kant eine Großtat. Er hat die Theologie vor einem großen Fehler bewahrt. Es ist der Fehler, anzunehmen, Gott objektiv erkennen zu können, wie es Denker von Plato und Aristoteles bis hin zu Thomas von Aquin mit seinen berühmten fünf Gottesbeweisen geglaubt haben.

Als Lektüre wählen wir den Anfangsabschnitt, in dem der Dreischritt Kategorie – Idee – Ideal deutlich wird.

Wir haben oben gesehen, daß durch reine *Verstandesbegriffe,* ohne alle Bedingungen der Sinnlichkeit, gar keine Gegenstände können vorgestellt werden, weil die Bedingungen der objektiven Realität derselben fehlen, und nichts als die bloße Form des Denkens, in ihnen angetroffen wird. Gleichwohl können sie in concreto dargestellt werden, wenn man sie auf Erscheinungen anwendet; denn an ihnen haben sie eigentlich den Stoff zum Erfahrungsbegriffe, der nichts als ein Verstandesbegriff in concreto ist. *Ideen* aber sind noch weiter von der objektiven Realität entfernt, als *Kategorien;* denn es kann keine Erscheinung gefunden werden, an der sie sich in concreto vorstellen ließen. Sie enthalten eine gewisse Vollständigkeit, zu welcher keine mögliche empirische Erkenntnis zulangt, und die Vernunft hat dabei nur eine systematische Einheit im Sinne, welcher sie die *empirische mögliche* Einheit zu nähern sucht, ohne sie jemals völlig zu erreichen.

Aber noch weiter, als die Idee, scheint dasjenige von der objektiven Realität entfernt zu sein, was ich das *Ideal* nenne, und worunter ich die Idee, nicht bloß in concreto, sondern in individuo ... verstehe. (B 595 f.)

Der Gedankengang Kants ist nicht schwer nachzuzeichnen:

– Den Kategorien als bloßen Formen des Denkens fehlen zwar die Bedingungen objektiver Realität (Sinnlichkeit), aber sie sind wenigstens anwendbar auf Sinnliches. Wir erinnern uns: die Kausalität selbst ist bei dem Beispiel »Die Butter schmilzt, weil die Sonne scheint« nicht wahrnehmbar. Das Schmelzen und die Sonne sehe ich, aber nicht das »weil«. Aber dieses »weil« ist zumindest auf den Seh-Sinn anwendbar.

– Bei den Ideen ist diese Anwendung auf Sinnliches schon nicht mehr möglich, weil das nicht Erkennbare nie über die bloße Denkbarkeit hinausgehen kann. So kann z.B. die Einheit der menschlichen Bedingtheiten, die Kant Unsterblichkeit der Seele nennt, noch nicht einmal auf meine Sinne angewendet werden.

– Den größten Abstand von irgendeiner sichtbaren Realität hat das, was Kant Ideal nennt, oder individuelle Idee. Wie aber kommt Kant auf eine solche »Idee in individuo«?

Nehmen wir als Beispiel ein Ideal, das auch heute noch nicht an Wert verloren hat: das Ideal der Menschlichkeit, wie es Albert Schweitzer, der Urwaldarzt von Lambarene, verkörpert hat. Dieses Ideal allerdings existiert nur in Gedanken; hätten wir Albert Schweitzer bei seinem Einsatz für die Menschlichkeit gefilmt, würden meine Sinne bei den Filmaufnahmen nur die Handbewegungen bei der Operation eines Kranken, seine Schritte zu einem Krankenbett usw. registrieren können, nicht aber die Menschlichkeit selber. Wir sehen, das Urbild, an dem wir uns messen können, ist nicht die Gestalt des Urwalddoktors mit Schnauzbart und Tropenhelm, sondern das von ihm vertretene Ideal der Menschlichkeit.

Tugend, und, mit ihr, menschliche Weisheit in ihrer ganzen Reinigkeit, sind Ideen. Aber der Weise (des Stoikers) ist ein Ideal, d.i. ein Mensch, der bloß in Gedanken existiert, der aber mit der Idee der Weisheit völlig kongruieret. So wie die Idee die Regel gibt, so dient das Ideal in solchem Falle zum *Urbilde* der durchgängigen Bestimmung des Nachbildes, und wir haben kein anderes Richtmaß unserer Handlungen, als das Verhalten dieses göttlichen Menschen in uns, womit wir uns vergleichen, beurteilen, und dadurch uns bessern, obgleich es niemals erreichen können. Diese Ideale, ob man ihnen gleich nicht objektive Realität (Existenz) zugestehen möchte, sind doch um deswillen nicht für Hirngespinste anzusehen, sondern geben ein unentbehrliches Richtmaß der Vernunft ab, die des Begriffs von dem, was in seiner Art ganz vollständig ist, bedarf, um darnach den Grad und die Mängel des Unvollständigen zu schätzen und abzumessen. Das Ideal aber in einem Beispiele, d.i. in der Erscheinung, realisieren zu wollen, wie etwa den Weisen in einem Roman, ist untunlich, und hat überdem etwas Widersinniges und wenig Erbauliches an sich, indem die natürlichen Schranken, welche der Vollständigkeit in der Idee kontinuierlich Abbruch tun, alle Illusion in solchem Versuche unmöglich und dadurch das Gute, das in der Idee liegt, selbst verdächtig und einer bloßen Erdichtung ähnlich werden. (B 597 f.)

Kant sucht nun nicht allein nach dem Ideal der Menschlichkeit, sondern nach einem vollständigen Prinzip aller Ideale, oder, mit seinen Worten, nach der »absoluten Vollständigkeit der Abhängigkeit des Daseins des Veränderlichen in der Erscheinung«. Er findet das Prinzip der Vollständigkeit in folgenden Begriffen: Urwesen, höchstes Wesen, Wesen aller Wesen, und schließlich Gott.

Gott ist das höchste Ziel allen Denkens, aber er ist kein Gegenstand des Denkens, dem Existenz zugesprochen oder abgesprochen werden kann. Dies wird das Ergebnis sein, zu dem Kant gelangen wird, nachdem er die drei klassischen Gottesbeweise widerlegt hat.

1. Der ontologische Gottesbeweis

Wir wissen bereits, daß die Vernunft in Not gerät, wenn sie sich auf das Unbedingte einläßt. Kant wiederholt diesen Tatbestand mit (leider seltenen) blumigen Worten, wenn er sagt, daß die Vernunft auf dem einen Wege (dem empirischen) so wenig, als auf dem anderen (dem transzendentalen) etwas ausrichte, und daß sie vergeblich ihre Flügel ausspanne, um über die Sinnenwelt durch die bloße Macht der Spekulation hinaus zu kommen. (B 619)

So verwundert es auch nicht, daß die Vernunft mit flatterndem Flügelschlag über dem Terrain der angeblich gesicherten Gottesbeweise kreist und umkehren muß mit der Erkenntnis, auch hier nur Nebelbänke gesichtet zu haben.

Die größte und interessanteste Nebelbank stammt aus dem 11. Jahrhundert und ist als »ontologischer Gottesbeweis« in die Philosophiegeschichte und Theologie eingegangen. Anselm von Canterbury ist sein Urheber, und Descartes hat diesen Beweis 100 Jahre vor Kant wieder aufgegriffen. Er bedeutet, daß Gott aus dem Sein (griechisch: to on/tou ontos = das Seiende/des Seienden) geschlossen wird; genauer: wenn Gott ein notwendiges und vollkommenes Wesen ist, gehört zur Notwendigkeit und zur Vollkommenheit auch die Existenz.

Die Entlarvung dieses Gottesbeweises ist nicht leicht, aber äußerst reizvoll. Als der wichtigste der drei Gottesbeweise verdient er etwas Ausführlichkeit.

Von der Unmöglichkeit eines ontologischen Beweises vom Dasein Gottes

Man sieht aus dem bisherigen leicht: daß der Begriff eines absolut notwendigen Wesens ein reiner Vernunftbegriff, d.i. eine bloße Idee sei, deren objektive Realität dadurch, daß die Vernunft ihrer bedarf, noch lange nicht bewiesen ist, welche auch nur auf eine gewisse obzwar unerreichbare Vollständigkeit Anweisung gibt, und eigentlich mehr dazu dient, den Verstand zu begrenzen, als ihn auf neue

Gegenstände zu erweitern. Es findet sich hier nun das Befremdliche und Widersinnische, daß der Schluß von einem gegebenen Dasein überhaupt auf irgendein schlechthin notwendiges Wesen, dringend und richtig zu sein scheint, und wir gleichwohl alle Bedingungen des Verstandes, sich einen Begriff von einer solchen Notwendigkeit zu machen, gänzlich wider uns haben.

Man hat zu aller Zeit von dem *absolutnotwendigen Wesen* geredet, und sich nicht sowohl Mühe gegeben, zu verstehen, ob und wie man sich ein Ding von dieser Art auch nur denken könne, als vielmehr dessen Dasein zu beweisen. Nun ist zwar eine Namenserklärung von diesem Begriffe ganz leicht, daß es nämlich so etwas sei, dessen Nichtsein unmöglich ist. (B 620)

Kant vollzieht nun die Entlarvung dieses »etwas, dessen Nichtsein unmöglich ist« in zwei Schritten.

Erster Schritt:

Es ist ein Unterschied zwischen dem Dasein von Urteilen und dem Dasein von Dingen. Kants Beispiel von dem Triangel/Dreieck (B 621) ist einleuchtend: Daß ein Dreieck drei Winkel einschließt, ist ein notwendiges Urteil. Diese unbedingte Notwendigkeit ist aber keine Notwendigkeit für das Vorhandensein des Dreiecks. Nur für den Fall, daß ein Dreieck gegeben ist, sind in ihm drei Winkel notwendig da. Daß aber überhaupt ein Dreieck (mitsamt seinen drei notwendigen Winkeln) gegeben ist, ist nicht notwendig.

Wenn ich das Prädikat in einem identischen Urteile aufhebe und behalte das Subjekt, so entspringt ein Widerspruch, und daher sage ich: jenes kommt diesem notwendiger Weise zu. Hebe ich aber das Subjekt zusamt dem

Prädikate auf, so entspringt kein Widerspruch; denn *es ist nichts mehr*, welchem widersprochen werden könnte. Einen Triangel setzen und doch die drei Winkel desselben aufheben, ist widersprechend; aber den Triangel samt seinen drei Winkel aufheben, ist kein Widerspruch. Gerade eben so ist es mit dem Begriffe eines absolut notwendigen Wesens bewandt. Wenn ihr das Dasein desselben aufhebt, so hebt ihr das Ding selbst mit allen seinen Prädikaten auf; wo soll alsdenn der Widerspruch herkommen? Äußerlich ist nichts, dem widersprochen würde, denn das Ding soll nicht äußerlich notwendig sein; innerlich auch nichts, denn ihr habt, durch Aufhebung des Dinges selbst, alles Innere zugleich aufgehoben. Gott ist allmächtig; das ist ein notwendiges Urteil. Die Allmacht kann nicht aufgehoben werden, wenn ihr eine Gottheit, d.i. ein unendliches Wesen, setzt, mit dessen Begriff jener identisch ist. Wenn ihr aber sagt: *Gott ist nicht*, so ist weder die Allmacht, noch irgend ein anderes seiner Prädikate gegeben; denn sie sind alle zusamt dem Subjekte aufgehoben, und es zeigt sich in diesem Gedanken nicht der mindeste Widerspruch.

Ihr habt also gesehen, daß, wenn ich das Prädikat eines Urteils zusamt dem Subjekte aufhebe, niemals ein innerer Widerspruch entspringen könne, das Prädikat mag auch sein, welches es wolle. Nun bleibt euch keine Ausflucht übrig, als, ihr müßt sagen: es gibt Subjekte, die gar nicht aufgehoben werden können, die also bleiben müssen. Das würde aber ebensoviel sagen, als: es gibt schlechterdings notwendige Subjekte; eine Voraussetzung, an deren Richtigkeit ich eben gezweifelt habe, und deren Möglichkeit ihr mir zeigen wolltet. Denn ich kann mir nicht den geringsten Begriff von einem Dinge machen, welches, wenn es mit allen seinen Prädikaten aufgehoben würde, einen Widerspruch zurück ließe, und ohne Widerspruch habe ich, durch bloße reine Begriffe a priori, kein Merkmal der Unmöglichkeit. (B 622 ff.)

Zweiter Schritt:

Hier drängt Kant den Leser, doch einmal den Begriff ins Feld zu führen, dessen Nichtsein sich selbst widersprechend wäre: den Begriff des *allerrealsten Wesens*. Da unter aller Realität auch das Dasein inbegriffen ist, scheint das Sein Gottes bewiesen zu sein. Aber es handelt sich hier nur um ein »dem Scheine nach gewonnenes Spiel«:

Ich frage euch, ist der Satz: dieses oder jenes Ding ... existiert, ist ... dieser Satz ein analytischer oder synthetischer Satz? (B 625)

(Zur Erinnerung: »Der Schimmel ist ein weißes Pferd« ist ein analytischer Satz, »Der Koffer ist schwer« ein synthetischer Satz.)

Was wäre, fragt Kant, wenn die Antwort analytisch hieße? Dann würde (in unserem Beispiel) das angenommene Dasein des Schimmels nichts zum Urteil über ihn hinzufügen. Das »ist« in »Der Schimmel ist weiß« ist lediglich die Copula eines Urteils, d.h. es verknüpft das Prädikat mit dem Subjekt. Sage ich »Gott ist allmächtig«, schließe ich das »allmächtig« in der Tat analytisch aus dem Begriff Gottes, denn ein nicht-allmächtiger Gott ist kein Gott. Sage ich »Gott ist/Gott existiert«, füge ich zu dem Begriff Gott nichts Neues hinzu, außer daß ich das Prädikat »allmächtig« wiederhole.

Auf keinen Fall kann ich das analytische Urteil über die Allmacht Gottes zu einem analytischen Urteil über das Sein, über die Existenz Gottes ummünzen.

Der Begriff Gott ist und bleibt nur ein möglicher Gedanke. Das ist der Kern von Kants Aussage:

... es kann daher zu dem Begriffe, der bloß die Möglichkeit ausdrückt, darum, daß ich dessen Gegenstand als schlechthin (durch den Ausdruck: er ist) denke, nichts weiter hinzukommen. Und so enthält das Wirkliche nichts mehr als das bloß Mögliche. Hundert wirkliche Taler enthalten nicht das mindeste mehr, als hundert mögliche. (B 627)

Das Beispiel von den 100 Talern erscheint auf den ersten Blick merkwürdig; trotzdem hat Kant recht:

Wenn ich an 100 Mark denke, die ich morgen in einer Lotterie gewinnen könnte, ist dieser Denkinhalt über den blauen Geldschein von seinem Wesen her nichts anderes als der einer wirklichen 100 Mark-Note. Um die Wirklichkeit des Geldscheines in meiner Hand zu erfahren, brauche ich mehr als die Stimmigkeit zwischen gedachtem Geld und gedachtem wirklichem Geld.

Und dieses »mehr« leistet der ontologische Gottesbeweis nicht.

Eine Existenz Gottes kann zwar nicht für unmöglich erklärt werden, aber sie wird von der Vernunft als eine »nützliche Idee« entlarvt. An dem berühmten ontologischen Gottesbeweis, aus Begriffen auf das Dasein zu schließen, ist

alle Mühe und Arbeit verloren, und ein Mensch möchte wohl ebensowenig aus bloßen Ideen an Einsichten reicher werden, als ein Kaufmann an Vermögen, wenn er, um seinen Zustand zu verbessern, seinem Kassenbestande einige Nullen anhängen wollte. (B 630)

Also bleibt nur übrig, daß der Satz »Gott ist« ein synthetischer Satz ist. Und bei einem synthetischen Satz läßt sich die Existenz ohne Widerspruch wegdenken, genauso wie der Koffer, der weder schwer, noch überhaupt vorhanden sein muß.

2. Der kosmologische Gottesbeweis

In der Tradition gibt es zwei kosmologische Gottesbeweise. Normalerweise denken wir zuerst an den berühmten *Bewegungsbeweis* des Aristoteles: alles Bewegte wird von etwas anderem bewegt, bis hin zum ersten Beweger, Gott. Kant interessiert sich aber nur für den zweiten, den *Kausalbeweis*. Dieser argumentiert genau umgekehrt wie der ontologische Gottesbeweis. Nicht vom Begriff Gott wird auf das Dasein gefolgert, sondern vom Dasein der Welt (griechisch: kosmos = Welt) wird auf Gott geschlossen. Der Beweis geht wie folgt:

Alles Zufällige hat eine Ursache; diese hat wiederum eine Ursache, usw. Wenn die Butter schmilzt, ist die Ursache die Wärme im Zimmer; die Wärme im Zimmer hat ihren Grund in der aufgedrehten Heizung; diese in der kalten Temperatur draußen, diese in... usw. Da weder dem Grund für das Schmelzen der Butter, noch dem für die aufgedrehte Heizung, noch dem der Kälte draußen eine Absolutheit zugesprochen werden kann, muß am Ende der Kausalkette etwas Unbedingtes, eine schlechthin notwendige Ursache stehen.

Hier kritisiert Kant zu recht, daß das absolut Notwendige, wenn schon nichts Empirisches absolut notwendig ist, außerhalb der Welt angenommen werden muß. Eine Kausalität ist aber nur für die Sinnenwelt sinnvoll, eine Kausalität jenseits der Sinnenwelt ist nicht beweisbar, sie entspringt nur dem Bedürfnis der Vernunft.

Die unbedingte Notwendigkeit, die wir, als den letzten Träger aller Dinge, so unentbehrlich bedürfen, ist der wahre Abgrund für die menschliche Vernunft. Selbst die Ewigkeit, so schauderhaft erhaben sie auch ein Haller (Albrecht v. Haller, schweizer. Dichter, 1708 – 77, Anm. d.Vf.) schildern mag, macht lange den schwindligen Eindruck nicht auf das Gemüt; denn sie mißt nur die Dauer der Dinge, aber trägt sie nicht. Man kann sich des Gedanken nicht erwehren, man kann ihn aber auch nicht ertragen: daß ein Wesen, welches wir uns auch als das höchste unter allen möglichen vorstellen, gleichsam zu sich selbst sage: Ich bin von Ewigkeit zu Ewigkeit, außer mir ist nichts, ohne das, was bloß durch meinen Willen etwas ist; aber woher bin ich denn? Hier sinkt alles unter uns, und die größte Vollkommenheit, wie die kleinste, schwebt ohne Haltung bloß vor der spekulativen Vernunft, der es nichts kostet, die eine so wie die andere ohne die mindeste Hindernis verschwinden zu lassen. (B 641)

3. Der teleologische Gottesbeweis

Teleologie darf nicht mit *Theologie* verwechselt werden, auch wenn Kant den dritten Beweis leider *physikotheologischen Gottesbeweis* nennt. Wir ziehen indes den Begriff Teleologie vor, da Philosophie und Theologie ihn mehrheitlich verwenden. Er bedeutet die Lehre von der Zweckmäßigkeit und Zielgerichtetheit der Natur (griechisch: telos = der Zweck, das Ziel).

Obwohl er von Kant respektvoll als der älteste und klarste Gottesbeweis bezeichnet wird, kann er vor Kant nicht bestehen. Die Gründe hierfür lassen sich – etwas verkürzt – schnell nachzeichnen.

In der Natur waltet eine Ordnung und Zweck-mäßigkeit. Daß die Insekten den Vögeln als Nahrung dienen, daß die Bäche nach unten fließen und die Blätter der Schwerkraft gehorchen, weist auf eine Ordnung in der Natur hin, die zweckmäßig ist. Von dieser Ordnung wird nun auf einen Urheber und auf einen vollständigen Zweck geschlossen. Das ist aber nicht zulässig, kritisiert Kant, denn der einzige Schluß, der zulässig ist, ist der auf ein oberstes Glied in der Zweckkette der Natur. Sollte man dieses ober-ste Glied »Gott« nennen,

…würde das höchste Wesen in dieser Kette der Bedin-gungen stehen … und noch fernere Untersuchung wegen seines noch höheren Grundes erfordern … Der Beweis könnte also höchstens zu einem Weltbaumeister, der durch die Tauglichkeit des Stoffs, den er bearbeitet, immer sehr eingeschränkt wäre, aber nicht zu einem Weltschöpfer, dessen Idee alles unterworfen ist … (führen). (B 649/655)

So kommt Kant zu der radikalen Schlußfolgerung:

Ich behaupte nun, daß alle Versuche eines bloß spekulati-ven Gebrauchs der Vernunft in Ansehung der Theologie gänzlich fruchtlos und ihrer inneren Beschaffenheit nach null und nichtig sind; daß aber die Prinzipien ihres Na-turgebrauchs ganz und gar auf keine Theorie führen, folg-lich, wenn man nicht moralische Gesetze zum Grunde legt, oder zum Leitfaden braucht, es überall keine Theo-logie der Vernunft geben könne. Denn alle synthetischen Grundsätze des Verstandes sind von immanentem Ge-brauch; zu der Erkenntnis eines höchsten Wesens aber wird ein transzendenter Gebrauch derselben erfordert, wozu unser Verstand gar nicht ausgerüstet ist. (B 664)

Hier wird jede rationale, d.h. vernunftbegründete Theologie verabschiedet. Die Vernunft hat nur eine Aufgabe in der Theologie, die beinahe in einem Nebensatz des eben Gelesenen versteckt ist: die Grundlegung für ein moralisches Gesetz.

Wenn das so ist, ist die nachdenkliche Frage wirklich berechtigt: Ist die Moral nun die einzige Daseinsberechtigung der Vernunft innerhalb der Theologie? Oder ist die Moral vielleicht die einzige Daseinsberechtigung der Theologie für die Vernunft?

Kant kommt zum Ende. Die Gottesbeweise sind widerlegt, aber:

Das höchste Wesen bleibt also für den bloß spekulativen Gebrauch der Vernunft ein bloßes, aber doch *fehlerfreies Ideal*, ein Begriff, welcher die ganze menschliche Erkenntnis schließt und krönt, dessen objektive Realität zwar nicht bewiesen, aber auch nicht widerlegt werden kann ... (B 670)

Somit hat Kant 500 Jahre nach Thomas von Aquin dessen Versuche, die Existenz Gottes zu beweisen, widerlegt und 100 Jahre vor Ludwig Feuerbach die Unmöglichkeit aufgezeigt, die Nicht-Existenz Gottes beweisen zu können.

Das Ende der Reise

oder

Der Abschluß der transzendentalen Dialektik

Unser Ausflug an den Rand des Horizonts, der mit der Betrachtung der idyllischen Insel im Meer begonnen hatte, nähert sich seinem Ende. Wie anstrengend die Reise war, hängt von der geistigen Robustheit des Teilnehmers ab. Wir kehren zurück und runden unsere Erlebnisse mit einem Erfahrungsbericht ab.

Auch Kant tut dies, indem er sein großes Dialektik-Kapitel mit einem Anhang abschließt. Alle unsere Schlüsse, betont er, die über das Feld möglicher Erfahrung hinausgehen sollten, waren trügerisch und grundlos, der natürliche Drang unserer Vernunft zur Grenzüberschreitung brachte nur Schein zu Tage. Wir haben bei der Auffindung der Ideen gesehen, daß zwar die Ideen für die Vernunft das sind, was die Kategorien für den Verstand sind, aber mit dem wichtigen Unterschied, daß die Kategorien auf sicherem Boden stehen, die Ideen nicht.

Während der Verstand sich auf Gegenstände beziehen kann, indem er Begriffe schafft, kann die Vernunft dies nicht. Sie kann sich nur auf den Verstand beziehen. Kant sagt, die transzendentalen Ideen seien nur von »regulativem Gebrauche«, und meint damit, daß damit nur Ziel und Richtung auf das Absolute hin angegeben werden können. Der Fehler, vor dem man sich hüten muß, ist, daß man die Ideen in einem »konstitutiven Gebrauche« benutzt. Konstitutiver Gebrauch von Ideen heißt, die übersinnlichen Ideen wie Unsterblichkeit, Freiheit und Gott als feste Gegenstände festmachen oder beweisen zu wollen.

> Wer bei den Ideen regulativen mit konstituti-
> vem Gebrauch verwechselt, braucht sich nicht
> wundern, wenn Widersprüche auftreten.

Diese Widersprüche sind vermeidbar, wenn man den
Ideen den Zweck zubilligt, der ihnen zukommt: eine
Einheit in unsere gesamten Erkenntnisse zu bringen,
indem man sie so auf die drei Unbedingtheiten aus-
richtet, als ob es sie wirklich gäbe. Dies ist das verein-
fachte Ergebnis von dem, was Kant »transzendentale
Deduktion der Ideen« nennt. Mit einer Zusammenfassung des Resultats der transzendentalen Dialektik
(B 708-723) beschließt er die ›Kritik der reinen Vernunft‹.

Das stimmt allerdings nicht ganz: er beschließt nur
die fast 700-seitige Elementarlehre. Was noch fehlt, ist
das 100-seitige Kapitel über die Methodenlehre, was
nicht allzu wichtig ist. Auch in der Einführungslitera-
tur wird die Methodenlehre meist vernachlässigt. Wer
will, kann es getrost überschlagen und zum letzten
Kapitel unseres Buches (›Ein Blick zurück‹) vorblät-
tern.

Teil 3

Der Bauplan für ein neues Gebäude

oder

Die transzendentale Methodenlehre

Die Arbeit ist getan, alle Erkenntnisse über Sinne, Verstand und Vernunft liegen ordentlich gestapelt vor uns, und wir überlegen uns, welches Lehrgebäude wohl damit errichtet werden kann. Auch Kant überlegt, indem er wieder zu seiner Bildersprache greift, wie ein solches philosophisches Gebäude wohl aussehen würde.

Das Bauzeug, das er in Ästhetik, Logik und Analytik gefunden hat, wird überschlagen in Hinblick auf Höhe und Festigkeit des neuen Gebäudes. In der Dialektik wird sogar daran gedacht, einen Turm zu errichten, der bis an den Himmel reichen soll, bis man bei den letzten Zielen wie Gott, Welt und Freiheit angelangt sei. Dieser Turmbau, meint nun Kant, hätte unweigerlich zu derselben Sprachverwirrung geführt, wie einst beim Turmbau zu Babel, als der Mensch versuchte, den Himmel zu erreichen.

Dazu kommt es aber nicht, denn der Vorrat an Materialien reicht nur für ein bescheidenes Wohnhaus. So greift der Theoretiker Kant nicht zu Kelle und Mörtel, sondern zu seinem Bauplan, mit dem er die »formalen Bedingungen eines vollständigen Systems der reinen Vernunft« (B 735) bestimmen will, und nennt diese Bestimmung »transzendentale Methodenlehre«. Er vollzieht sie in vier Schritten. Wir gehen diese Schritte langsam mit.

1. Im *ersten Schritt* (Disziplin der reinen Vernunft)

klärt er, welche Methoden die Vernunft nicht verfolgen darf, obwohl sie in der Geschichte der Philosophie immer wieder angewandt wurden. Kant lehnt für die Philosophie die »dogmatische Methode« ab, wie sie z.B. die Mathematik mit unwiderlegbaren Beweisführungen und dem Aufstellen von Definitionen, Axiomen (= unbestreitbare Grundwahrheiten) und Demonstrationen kennt. Auch der »polemische« und »skeptische« Gebrauch der reinen Vernunft wird abgelehnt, obgleich ihnen ein vorübergehender Gebrauch zugestanden wird. Somit bleibt nur die »kritische Methode« als alleiniger rechter Gebrauch der reinen Vernunft. Aber die kennen wir ja; es sind die Ausführungen der ›Kritik der reinen Vernunft‹ über Raum und Zeit, über die Kategorien und über die Ideen der Vernunft.

2. Nach den negativen Ausführungen, wie man nicht vorgehen dürfe, führt Kant im *zweiten Schritt* der Methodenlehre das Positive an, das die reine Vernunft leisten kann. Hier sind wir wieder auf Kants heiligem Boden. Nach dem Abstecken der Grenzen aller Erkenntnis hat die reine Vernunft ein letztes Ziel: ihren praktischen Gebrauch. Was heißt praktischer Gebrauch?

»Praktisch ist alles, was durch Freiheit möglich ist«, antwortet Kant (B 828). Praktische Freiheit, das ist das Feld der Ethik oder Moralphilosophie, das ist das Gebiet, bei dem Kants Herz höher schlägt, und dem der Band *Kant für Anfänger: Der kategorische Imperativ* gewidmet ist.

Kants Ethik ist die Antwort auf die zweite der drei wichtigen Fragen der menschlichen Vernunft.

Die 1. Frage lautet: Was kann ich wissen? Sie ist erschöpfend beantwortet in der ›Kritik der reinen Vernunft‹.

Die 2. Frage heißt: Was soll ich tun? Sie wird in der

Moralphilosophie beantwortet und gipfelt im Kategorischen Imperativ des Sittengesetzes.

Die 3. Frage lautet: Was darf ich hoffen? Besser noch: Wenn ich tue, was ich soll, was darf ich dann hoffen? Es geht um das Glück des Menschen, um die Glückseligkeit.

Hier ist nun Vorsicht geboten, da jedermann Glückseligkeit erstrebt als »die Befriedigung aller unserer Neigungen« (B 834). Wer sich die Frage stellt, was zu tun sei, um glücklich zu werden, wird sich überlegen müssen, welche Neigungen er befriedigen soll. Ob die Anschaffung eines neuen Autos Glück verheißt, ist Sache einer Vernunft im Sinne von Klugheitsregel, aber nicht Sache »reiner« Vernunft. Mit Moral hat dies nichts zu tun.

Wer sich dagegen überlegt, ich tue das, wodurch ich würdig werde, um glücklich zu sein, und wer dabei nach den moralischen Prinzipien der reinen Vernunft handelt, der kann auf die verheißene Glückseligkeit hoffen.

Diese Hoffnung aber kann nur leben, wenn es Gott als Ideal des höchsten Gutes gibt, und wenn nicht alles mit dem Tode endet.

3. In einem *dritten Schritt* stellt Kant sein System der Philosophie vor und nennt es »Architektonik der reinen Vernunft«. Die Skizzierung dieses Systems ist für den Anfänger wegen seiner Unübersichtlichkeit recht unergiebig, deshalb wollen wir es nur streifen.

Philosophie gliedert sich in die »reine« Philosophie (bestehend aus apriorischen Prinzipien) und »empirische« Philosophie. Reine Philosophie gliedert sich in die Kritik (der reinen Vernunft) und die Metaphysik; letztere, die Metaphysik, wiederum in eine Metaphysik der Natur und in eine Metaphysik der Sitten. Diese zweite nun untersucht die Prinzipien der Moral und wird hauptsächlich in den beiden ethischen

Hauptschriften Kants abgehandelt: in der ›Grundlegung zur Metaphysik der Sitten‹ und in der ›Kritik der praktischen Vernunft‹.

4. In einem *vierten Schritt* (»Die Geschichte der Philosophie«) blickt Kant auf die philosophischen Gebäude anderer Denker zurück. Er sieht nur Ruinen. Die Namen, mit denen er die großen Denker der Philosophie bedenkt, können wir vergessen (Sensual-, Intellektualphilosphen, Noologisten …), ihre Bezeichnung hat sich nicht durchgesetzt. Von den Wegen, die in der Philosophie beschritten werden können, bleibt nur seiner übrig: Es ist der kritische Weg.

Kant schließt sein großes Werk mit dem Aufruf an den Leser, »diesen Fußsteig zur Heeresstraße zu machen«. Nur auf dieser Heeresstraße kann das geleistet werden, was ganze Jahrhunderte nicht erreicht haben.

Wir haben die ersten Zeilen der ›Kritik der reinen Vernunft‹ gelesen, und so wollen wir auch die letzten Seiten dieses großen Werkes Kants lesen:

Wenn der Leser diesen (kritischen Weg) in meiner Gesellschaft durchzuwandern Gefälligkeit und Geduld gehabt hat, so mag er jetzt urteilen, ob nicht, wenn es ihm beliebt, das Seinige dazu beizutragen, um diesen Fußsteig zur Heeresstraße zu machen, dasjenige, was viele Jahrhunderte nicht leisten konnten, noch vor Ablauf des gegenwärtigen erreicht werden möge: nämlich die menschliche Vernunft in dem, was ihre Wißbegierde jederzeit, bisher aber vergeblich, beschäftigt hat, zur völligen Befriedigung zu bringen. (B 884)

Ein Blick zurück

oder

Die Kritik der reinen Vernunft in Kurzform

Das war's. Ob es sich gelohnt hat, muß der Leser, der bis zum Schluß durchgehalten hat, selbst entscheiden. Lohnt es sich überhaupt, Kant zu lesen?

Es ist kein Zufall, daß am Anfang unseres kleinen Buches keine Gründe angeführt wurden, die dafür werben sollten, zu Kant zu greifen. Wer dieses Buch in der Hand hält, wird bereits einen Grund haben und muß sich nicht erst durch ein paar Zeilen überreden lassen, den großen Philosophen aus Königsberg zu lesen.

In der Literatur über Kant findet man mannigfaltige Huldigungen an die Verdienste Kants. Er sei derjenige gewesen, der die Untersuchungen über die Leistungsfähigkeit der Vernunft am weitesten vorangetrieben habe. Er sei schließlich der führende Kopf der Aufklärung, meint ein anderer Interpret, in der alle modernen politischen Bewegungen der Neuzeit, die Demokratien im Westen und das Aufkommen des Sozialismus im Osten, ihren Ursprung haben. Erst durch die Gegnerschaft zu Kant seien manche Denker zum eigentlichen Philosophieren vorgestoßen. Philosophisches Denken nach Kant sei ohne Kant nicht mehr möglich.

Das stimmt alles. Und doch ist die größte Leistung Kants dort zu sehen, wovon unser Buch nur am Rande handelt: in den bahnbrechenden Untersuchungen über Freiheit und Natur, die im Kategorischen Imperativ gipfeln.

Darüber soll der zweite Band unseres ›Kant für Anfänger‹ handeln. Aber diese Gedanken können nicht verstanden werden ohne die ›Kritik der reinen Vernunft‹.

So kommen wir nun zum Schluß und machen dem Anfänger ein Angebot, das etwas gewagt ist. Wir bieten eine Kurzform von Kants größtem Werk an: die ›Kritik der reinen Vernunft‹ als Zusammenfassung in 24 Zeilen.

Die Metaphysik fragt als Transzendental-Philosophie nach den Bedingungen der Möglichkeit von Erkenntnis. Zuerst wird die sinnliche Wahrnehmung untersucht und dabei zwei Formen reiner sinnlicher Anschauung gefunden: Raum und Zeit. Mit ihnen werden alle Empfindungen geordnet und anschließend vom Verstand zu Begriffen geformt. Bei der anschließenden Untersuchung des Denkens werden die Kategorien gefunden. Sie verbinden die Begriffe zu Urteilen und werden vom Verstand wie Stempel in die sinnlichen Wahrnehmungen hineingeprägt. Unser Verstandeswissen bleibt aber mit allen diesen Möglichkeiten nur auf die Welt der Erscheinungen beschränkt.

Will der Verstand, indem er sich zur schließenden Vernunft entfaltet, unsere Welt der Erscheinungen überfliegen und nach dem Wesen der Wirklichkeit an sich greifen, verwickelt er sich in Widersprüche und gerät ins Trudeln. So muß er aufgeben und sich mit der Einsicht begnügen, daß die Ideen als Zeichen des Absoluten nicht bewiesen werden können, daß aber auch nicht auf sie verzichtet werden kann.

Literatur-Empfehlungen

Der blutige Anfänger, der Spaß hat an biographischen
Details verbunden mit etwas philosophischem Gehalt, soll unbedingt das Kant-Kapitel lesen in:
Wilhelm Weischedel, Die philosophische Hinter-
treppe, München 1990 (dtv Nr. 30020)

Eine gelungene Einführung in die Gesamt-Philoso-
phie Kants bietet:
Paul-Heinz Koesters, Deutschland deine Denker,
Hamburg 1979 (Stern-Verlag)

Wer mit Kants Philosophie innerhalb des Zusammen-
hangs der Philosophie-Geschichte vertraut werden
möchte, dem sei der Kant-Abschnitt empfohlen in:
Johannes Hirschberger, Geschichte der Philosophie 2, Freiburg 1991 (Herder-Verlag)
E. Coreth/H. Schöndorf, Philosophie des 17. und
18. Jahrhunderts, Stuttgart 1983 (Kohlhammer-Ver-
lag)

Äußerst hilfreich für die Lektüre der ›Kritik der rei-
nen Vernunft‹ selbst sind:
Hans Michael Baumgartner, Kants Kritik der rei-
nen Vernunft, Freiburg 1988 (Alber-Verlag)
Otfried Höffe, Immanuel Kant, in der Reihe Große
Denker, München 1983 (C.H.Beck-Verlag)
(dasselbe stark verkürzt, in *O. Höffe*, Klassiker der
Philosophie II, München 1981, (C.H.Beck-Verlag))
Arsenij Gulyga, Immanuel Kant, Frankfurt 1981
(Insel-Verlag)
(dasselbe stark verkürzt, in *A. Gulyga*, Die klassi-
sche deutsche Philosophie, Reclam-Leipzig 1990)

Schwierigere Kost für den Profi, der Kants Gedanken parallel zu anderen philosophischen Ergebnissen lesen möchte, bietet:

Claus Daniel, Kant verstehen, Frankfurt 1984 (Campus-Verlag)

Das Denkmal in Königsberg

Kleine Bibliothek der Weltweisheit

Die Kleine Bibliothek der Weltweisheit versammelt berühmte Werke zur klugen und richtigen Lebensführung.

Die Bände befassen sich mit den zeitlos gültigen Fragen: Was ist Glück? Was müssen wir tun, wie sollen wir handeln? Wie können wir mit den Ratschlägen des Lebens am besten umgehen? Was sind wir den Mitmenschen schuldig? Was ist ein richtiges, ein gerechtes Leben? Jeder dieser Texte ist als Meisterwerk der Weltweisheit und Lebenskunst in das Gedächtnis der Menschheit eingegangen

Boethius
Trost der Philosophie
ISBN 978-3-423-**34241**-4

Die Reden des Buddha
Übers. v. O. Neumann
ISBN 978-3-423-**34242**-1

Epiktet
Das Buch vom geglückten Leben
Übers. v. C. Conz und B. Zimmermann
ISBN 978-3-423-**34243**-8

Baltasar Gracián
Handorakel und Kunst der Weltklugheit
Übers. v. A. Schopenhauer
ISBN 978-3-423-**34244**-5

Hildegard von Bingen
Über die Liebe
ISBN 978-3-423-**34245**-2

Konfuzius
Gespräche
Übers. v. R. Wilhelm
ISBN 978-3-423-**34246**-9

Laotse
Tao te king
Übers. v. R. Wilhelm
ISBN 978-3-423-**34247**-6

Michel de Montaigne
Von der Freundschaft
Übers. v. H. Lüthi
ISBN 978-3-423-**34248**-3

Friedrich Nietzsche
Ecce homo
ISBN 978-3-423-**34249**-0

Arthur Schopenhauer
Über das Mitleid
ISBN 978-3-423-**34250**-6

Seneca
Von der Kürze des Lebens
Übers. v. O. Apelt
ISBN 978-3-423-**34251**-3

Voltaire
Candide
Übers. v. W. Tschöke
ISBN 978-3-423-**34252**-0

Bitte besuchen Sie uns im Internet: www.dtv.de

Kleine Bibliothek der Weltweisheit

Die Kleine Bibliothek der Weltweisheit versammelt berühmte
Werke zur klugen und richtigen Lebensführung.

Bitte besuchen Sie uns im Internet: www.dtv.de

Bibliothek der Erstausgaben
im dtv

Herausgegeben von Joseph Kiermeier-Debre

Die originalgetreuen Texte der Erstausgaben machen die unmittelbare und unverstellte Beschäftigung mit dem dichterischen Wort möglich. Jeder Band enthält neben dem Originaltext einen Anhang zu Verfasser, Werk und Textgestalt sowie eine Zeittafel und ein Glossar, das die textspezifischen und entlegenen Wörter erklärt.

Bitte besuchen Sie uns im Internet: www.dtv.de

Bibliothek der Erstausgaben
im dtv

Herausgegeben von Joseph Kiermeier-Debre

Bitte besuchen Sie uns im Internet: www.dtv.de

Bibliothek der Erstausgaben
im <u>dtv</u>

Herausgegeben von Joseph Kiermeier-Debre

Heinrich von Kleist:
Die Marquise von O…
ISBN 978-3-423-02649-9

Penthesilea
ISBN 978-3-423-02640-6

Michael Kohlhaas
ISBN 978-3-423-02604-8

Der zerbrochne Krug
ISBN 978-3-423-02625-3

J. M. R. Lenz
Der Hofmeister
ISBN 978-3-423-02621-5

Gotthold Ephraim Lessing:
Minna von Barnhelm
ISBN 978-3-423-02610-9

Emilia Galotti
ISBN 978-3-423-02620-8

Nathan der Weise
ISBN 978-3-423-02600-0

**Die Erziehung des
Menschengeschlechts**
ISBN 978-3-423-02630-7

**Conrad Ferdinand Meyer
Das Amulet**
ISBN 978-3-423-02646-8

**Eduard Mörike
Mozart auf der Reise nach
Prag**
ISBN 978-3-423-02616-1

**Christian Morgenstern
Galgenlieder**
ISBN 978-3-423-02639-0

**Novalis
Heinrich von Ofterdingen**
ISBN 978-3-423-02603-1

**Rainer Maria Rilke:
Die Aufzeichnungen des
Malte Laurids Brigge**
ISBN 978-3-423-02619-2

Duineser Elegien
ISBN 978-3-423-02634-5

**Friedrich Schiller:
Die Räuber**
ISBN 978-3-423-02601-7

Kabale und Liebe
ISBN 978-3-423-02622-2

Dom Karlos
ISBN 978-3-423-02636-9

Wallenstein
ISBN 978-3-423-02660-4

Maria Stuart
ISBN 978-3-423-02611-6

Wilhelm Tell
ISBN 978-3-423-02647-5

Die Jungfrau von Orleans
ISBN 978-3-423-02682-6

Der Geisterseher
ISBN 978-3-423-02683-3

Bitte besuchen Sie uns im Internet: www.dtv.de

Bibliothek der Erstausgaben
im <u>dtv</u>

Herausgegeben von Joseph Kiermeier-Debre

Arthur Schnitzler:
Lieutenant Gustl
ISBN 978-3-423-02659-8
Reigen
ISBN 978-3-423-02657-4
Traumnovelle
ISBN 978-3-423-02673-4

Adalbert Stifter:
Abdias
ISBN 978-3-423-02661-1
Brigitta
ISBN 978-3-423-02608-6
Der Hagestolz
ISBN 978-3-423-02662-8

Theodor Storm:
Immensee
ISBN 978-3-423-02654-3
Der Schimmelreiter
ISBN 978-3-423-02618-5

Kurt Tucholsky:
Rheinsberg
ISBN 978-3-423-02664-2
Schloß Gripsholm
ISBN 978-3-423-02665-9

Frank Wedekind
Frühlings Erwachen
ISBN 978-3-423-02609-3

Bitte besuchen Sie uns im Internet: www.dtv.de